上海社会科学院重要学术成果丛书·专著

中/国/式/现/代/化/系/列

基于上海实践的
新型主流媒体
国际传播机制优化研究

Research on Optimizing the International Communication Mechanism of New Mainstream Media Based on Shanghai Practice

卢垚/著

上海人民出版社

本书出版受到上海社会科学院重要学术成果出版资助项目的资助

编审委员会

总　序

当今世界，百年变局和世纪疫情交织叠加，新一轮科技革命和产业变革正以前所未有的速度、强度和深度重塑全球格局，更新人类的思想观念和知识系统。当下，我们正经历着中国历史上最为广泛而深刻的社会变革，也正在进行着人类历史上最为宏大而独特的实践创新。历史表明，社会大变革时代一定是哲学社会科学大发展的时代。

上海社会科学院作为首批国家高端智库建设试点单位，始终坚持以习近平新时代中国特色社会主义思想为指导，围绕服务国家和上海发展、服务构建中国特色哲学社会科学，顺应大势，守正创新，大力推进学科发展与智库建设深度融合。在庆祝中国共产党百年华诞之际，上海社科院实施重要学术成果出版资助计划，推出"上海社会科学院重要学术成果丛书"，旨在促进成果转化，提升研究质量，扩大学术影响，更好回馈社会、服务社会。

"上海社会科学院重要学术成果丛书"包括学术专著、译著、研究报告、论文集等多个系列，涉及哲学社会科学的经典学科、新兴学科和"冷门绝学"。著作中既有基础理论的深化探索，也有应用实践的系统探究；既有全球发展的战略研判，也有中国改革开放的经验总结，还有地方创新的深度解析。作者中有成果颇丰的学术带头人，也不乏崭露头角的后起之秀。寄望丛书能从一个侧面反映上海社科院的学术追求，体现中国特色、时代特征、上海特点，坚持人民性、科学性、实践性，致力于出思想、出成果、出人才。

学术无止境，创新不停息。上海社科院要成为哲学社会科学创新的重要基地、具有国内外重要影响力的高端智库，必须深入学习、深刻领会习近平总书记关于哲学社会科学的重要论述，树立正确的政治方向、价值取向和学术导向，聚焦重大问题，不断加强前瞻性、战略性、储备性研究，为全面建设社会主义现代化国家，为把上海建设成为具有世界影响力的社会主义现代化国际大都市，提供更高质量、更大力度的智力支持。建好"理论库"、当好"智囊团"任重道远，惟有持续努力，不懈奋斗。

上海社科院院长、国家高端智库首席专家

导　言

我国正处于百年未有之大变局与中华民族伟大复兴的历史交汇期，作为全球第二大经济体，如何在大国竞争中发出与我国国际地位相匹配的声音，如何打破美西方国家话语霸权垄断，畅通国际传播信息流通，彰显我国大国气度，为积极建设国际传播新格局贡献中国智慧和中国力量，是当下我国新型主流媒体国际传播建设面临的新挑战和新课题。

一、关于国际传播的"中国内涵"阐释

国际传播作为国家力量的一部分，在大国竞争中占据重要地位，国家影响力通过传播得到进一步增强才能实现"软实力"。[①]国际传播的研究兴起于第一次世界大战后，[②]从理论演进视角来看，围绕两次世界大战期间国际传播的研究影响至今。新中国成立以来，我们党和国家领导人一系列重要论述，都指引着我国对外传播能力建设工作。

习近平总书记围绕"中国特色和中国故事"，勾勒中国国际传播的"三

---

① Joseph S. Nye, Jr., Soft Power: The Means to Success in World Politics[M]. *New York*: *Public Affairs*, 2004:11.

② Rogers, W. S. International Electrical Communication[J]. *Foreign Affairs*, 1922, 1(2): 144—158.

步走"方略(优化战略布局,打造外宣媒体-创新体制机制,形成优势转化-开展深入交流,实现民心相通),①为我国国际传播提供了理论支持和战略指引。2013年8月的全国思想工作会议上,习近平总书记提出"要着力推进国际传播建设"。②党的十九大报告则首次在党代会报告中提出"推进国际传播能力建设"。③十九届中央政治局第三十次集体学习时,习近平总书记提出要全面提升国际传播效能,强调:"要深刻认识新形势下加强和改进国际传播工作的重要性和必要性,下大气力加强国际传播能力建设,形成同我国综合国力和国际地位相匹配的国际话语权",该论述为我国国际传播建设提供方向性要求。④习近平总书记关于国际传播的论述,主要强调了以下几个面向。

首先,要提升文化软实力,在国际传播中体现文化自信。习近平总书记指出:"我国成功走出了一条中国特色社会主义道路,实践证明我们的道路、理论体系、制度是成功的。要加强提炼和阐释,拓展对外传播平台和载体,把当代中国价值观念贯穿于国际交流和传播方方面面。"⑤总书记还指出:"要更好地推动中华文化走出去,以文载道、以文传声、以文化人,不断提升中华文化的感召力,向世界阐释推介更多具有中国特色、体现中国精神、蕴藏中国智慧的优秀文化。"国际传播是文化传播的组成部

① 高金萍.习近平国际传播系列重要论述的核心要素及价值意蕴[J].现代传播(中国传媒大学学报),2023,45(5):1—9.
② 习近平:深化文化体制改革,加强社会主义核心价值体系建设[EB/OL].2014-08-08. http://jhsjk.people.cn/article/25428563.
③ 权威发布:十九大报告全文[EB/OL].2017-10-18. https://www.spp.gov.cn/tt/201710/t20171018_202773.shtml.
④ 加强和改进国际传播工作 展示真实立体全面的中国[EB/OL].2021-06-02. http://jhsjk.people.cn/article/32120102.
⑤ 习近平:建设社会主义文化强国 着力提高国家文化软实力[EB/OL].2014-01-01. http://jhsjk.people.cn/article/23995307.

分,因此,要在国际传播战略上立足当代中国价值观念,并将之与"中国梦"的宣传和阐释相关联,持续地在跨文化语境中提升中华文化的感召力。

其次,讲好中国故事,构建具有中国特色的国际传播体系。习近平总书记强调:"要广泛宣介中国主张、中国智慧、中国方案,我国日益走近世界舞台中央,有能力也有责任在全球事务中发挥更大作用,同各国一道为解决全人类问题作出更大贡献。要高举人类命运共同体大旗,依托我国发展的生动实践,立足五千多年中华文明,全面阐述我国的发展观、文明观、安全观、人权观、生态观、国际秩序观和全球治理观。要倡导多边主义,反对单边主义、霸权主义,引导国际社会共同塑造更加公正合理的国际新秩序,建设新型国际关系。要善于运用各种生动感人的事例,说明中国发展本身就是对世界的最大贡献、为解决人类问题贡献了智慧。"因此,加快构建中国话语和中国叙事体系,用中国理论阐释中国实践,用中国实践升华中国理论,打造融通中外的新概念、新范畴、新表述,更加充分、更加鲜明地展现中国故事及其背后的思想力量和精神力量,以此来不断提升中华话语的说服力,成为外宣工作的重要抓手。

再次,充分利用国际化平台与媒介技术。习近平总书记强调"用好国际化传播平台,客观、真实、生动报道中国经济社会发展情况,传播中国文化,讲好中国故事"。①习近平总书记在十九届中央政治局第三十次集体学习时,还对传播方式的新思路做出了更明确的要求:"要采用贴近不同区域、不同国家、不同群体受众的精准传播方式,推进中国故事和中国声

---

① 习近平谈新闻舆论工作:治国理政、定国安邦的大事[EB/OL]. 2016-11-08. http://jhsjk. people.cn/article/28844285.

音的全球化表达、区域化表达、分众化表达,增强国际传播的亲和力和实效性。既要充分依托媒介融合背景、顺应当下媒体传播规律,又要与时俱进,努力拓展国际传播的力度、维度、广度。"因此,在进行国际传播时讲究传播艺术与技术,提升重大问题对外发声能力,并有的放矢回应国际关切,不断加强与国际媒体的合作,扩大知华友华的国际舆论朋友圈,都成为中国国际传播的重要发力点。

最后,扎实人才建设保障,提升国际传播效能。习近平总书记强调,要全面提升国际传播效能,建强适应新时代国际传播需要的专门人才队伍。同时,各级党校(行政学院)要把国际传播能力培养作为重要内容,还要加强高校学科建设和后备人才培养,围绕中国精神、中国价值、中国力量,从政治、经济、文化、社会、生态文明等多个视角进行深入研究,为开展国际传播工作提供学理支撑。①随着中国式现代化的深入推进,我国新型主流媒体站在推动构建人类命运共同体、提高国家文化软实力的高度,广交朋友、团结和争取大多数,不断加强和改进国际传播工作,为展示真实立体全面的中国发挥更大的作用。

二、地缘政治下国际传播面临的"虚拟风险"

平台媒体时代,一方面西方媒体借助内容生产优势实现"赢者通吃",少数国际新闻通讯社仍旧掌握内容生产主导权。平台媒体催生了更多传播主体,但信息生产仍属于稀缺能力,国际新闻供应链出现供应垄断、传播扩张现象,如路透社、美联社等国际新闻报道经常被大量账户采用,导

---

① 加强和改进国际传播工作 展示真实立体全面的中国[EB/OL]. 2021-06-02. http://jhsjk. people.cn/article/32120102.

致高度同质化的"刷屏"现象,媒体内容生产的传统优势得以放大。另一方面少数大企业对数字的生产传播进行控制,利用其霸权进行观念的强势输出与话语权的垄断。信息和互联网通信技术已经成为国家之间的"新战场",美国在当前的信息政治经济格局中居于主导地位。①截至2018 年 7 月,活跃用户达到 10 亿以上的五个平台媒体:脸书、油管、WhatsApp、WeChat、照片墙中,有四个平台的所有权属于美国公司。跨国平台所有权集中于美国,造成了新媒体时代国际传播媒介的新垄断。美国国家意志和国内政治压力可能会导致平台媒体对其他国家传播渠道的打压、封禁。

　　受到外部政治压力和民间"取消文化"(cancel culture)的掣肘,来自中国媒体的视频内容屡次被油管打上"虚假信息"的标签,推特及脸书多次以假新闻治理为由限制中国媒体的信息流,2020 年 8 月 6 日,继脸书之后,推特宣布对中、俄等主流媒体账号添加"官媒"②(China state-affiliated media)标签,推特明确表示不会推广带有官媒标签的账号和推文,但是却表示英国 BBC 和美国 CNN、NPR 是具有编辑独立性的国家资助媒体机构,并不属于官媒。在双标之下带来的影响是中国媒体内容无法触达更多国际受众,进而无法产生更大影响力,因为这些平台向新用户推荐账号时,中国媒体的账号不会被推荐。同时对于同一新闻事件报道上,平台对待中国媒体和西方媒体,审核限度也有所不同。

---

①　姬德强,杜学志.平台化时代的国际传播——兼论媒体融合的外部效应[J].对外传播,2019(5):13—15,44.

②　推特公开了对于官方媒体的定义,即国家通过财政资源、直接或间接政治压力和/或对生产和发行进行控制从而控制编辑内容的新闻媒体。属于官媒实体、官媒主编和/或官媒高级职员可能会加上标签。

三、新时期我国国际传播思路调试

近年来习近平总书记治国理念新思想、人类命运共同体理念以及"二十大""北京冬奥会"举办、脱贫攻坚取得全面胜利、推广"一带一路"等都赢得了国际社会的好评和赞誉。但是不可否认的是如今全球舆论环境恶化,尤其是自新冠肺炎疫情暴发以来,欧美国家对中国发起前所未有的"舆论战"。提升中国故事的国际传播效能无论是传统的新闻宣传管理逻辑,还是新型主流媒体自身的媒体转型,都需在平台媒体传播,以及"传者本位"向"受众本位"的传播语境下需要进行考察与调整。

要从顶层设计上谋划国际传播"大外宣"格局。当前,在百年未有之大变局背景下,国际舆论场的格局之变、话语之变都在深度演进,全面推进习近平总书记所嘱托的"全面提升国际传播效能,形成同我国综合国力和国际地位相匹配的国际话语权"需在国家战略层面谋划国际传播"大外宣"格局,构建具有中国特色的战略传播体系。国际传播应形成统一领导、多方协同、共同作用的上下联动、合纵连横战略合作机制,实现全方位的互动与更深层次的国际传播局面。可以考虑召开国际传播联席工作会议或者成立合作专班。在实际操作层面,互联网技术公司、专家智库等为新型主流媒体提供智力与技术的支持,在国际传播层面,充分联动驻外使领馆、出海企业、海外华人以及知华友华人士朋友圈。此外,可以考虑构建若干国际传播矩阵试验田,展开地方层级的国际传播报道实验。

中国故事的内涵极其丰富,如果狭义的来看可以是中国政治故事、中国经济故事、中国文化故事等等,讲述中国故事一方面是如何讲,宏观的层面可以讲述中国的社会进步、经济发展、文化传承与保护、环境保护等等,微观的小切口小故事小人物也能跨越文化差异的鸿沟抵达不同国家不同民族不同肤色的受众内心,另一方面有效的抵达还需熟悉受众获取信息的使用环境与使用习惯。如以上海国际传播媒体的观察为例,海外网友"直接访问"依然是触达我国国际传播媒体的主要方式,以《上海日报》为例,其网站访问量从 2017 年的 195 万增长到 2020 年 1500 万,同时美国用户作为到访用户最多的国外用户群体,普遍偏爱搜索引擎(Google)与引荐外链(Google News),同时相较于字幕而言,海外用户普遍更喜欢音频的形式,所以我们的国际传播平台在加强新媒体网站主阵地建设以及节目制作上形式上都需要注意精准传播。可以定期开展国际受众调研,针对不同国家的收视收听习惯与需求进行国别传播。

畅通中国故事的传播还要积极应对海外平台的传播法则。不单单是迎面正视海外社交平台的"算法黑箱",还应该摸索不同平台的传播喜好,如从推特的传播效果来看,30 秒到 40 秒的短视频效果更好,油管则偏好中长视频。此外,平台传播的丛林法则必须有金钱交易,推特和脸书都允许通过"购买"的方式,可以将稿件推到好一些的位置。总之,兵来将挡,水来土掩,面对平台媒体传播的种种见招拆招就是。充分培养发挥人才优势,建强适应新时代国际传播需要的人才队伍,是开展国际传播工作的法宝,也是最重要的保障。一方面培养懂外语、懂规则的复合型国际传播人才,打造一支高质量高水平的国际传播人才队伍,另一方面要创新体制机制,要更好发挥高层次专家作用,发挥好民间组织、机构以及个人的作用,联动商业传媒机构和网络平台、企业、社会组织、自媒体、网红,以及知华友华的海外媒体机构到中国形象的塑造中,参与到中华文化的展示中,从而构建丰富立体的国际传播网络格局。

如果说今天的全球议程是政治与媒体共谋或者设置出来的,那么长久以来,美国政府在"霸权稳定论"的逻辑之下,通过推广"普世价值"维护其全球霸主地位,以 CNN 为代表的媒体就扮演着实现文化霸权的重要角色和工具,对其他国家进行经济和文化渗透,将美国的消费理念、价值观念、审美标准等意识形态悄然传播到全球。BBC 也作为西方世界国际媒体的代表,长久以来打着"报道真实""公共服务"的旗号向全球传递英国及其文化与价值观。2018 年 BBC 推出"战胜假新闻计划",声称要进行"真实核查",将矛头指向尼日利亚、埃及、印度、俄罗斯、土耳其、肯尼亚、泰国等国家的媒体,实则将媒体造假当作国际博弈的手段,其自身也从不缺少造假丑闻。

阿拉伯地区的媒体战略致力于推广阿拉伯世界的文化和价值观。在中东这个世界最大的媒体市场之一,拥有超过 100 种语言、2 000 多种报纸和杂志,其媒介产品和服务出口总额占全球市场的 15%。如今,在全球有 70 个分支机构的半岛电视台凭借电视台及其网站和新媒体平台,成了全球新闻界和娱乐界的一支重要力量,打破了长期由一个或两个西方国家媒体主导的局面。

中国新型主流媒体的国际传播建设要始终有这样的胆识和作为,即在国家面临巨大国际舆论压力时,第一时间勇担急先锋的角色,向国际真实传达、讲述中国正在发生的新闻和人的故事,这也是媒体提升自身知名度和影响力的机遇。当然,在面临西方媒体忽视的灾难、犯罪、反恐等议题上也能积极发声,将镁光灯照向弱小国家及边缘群体这些被忽略被遗忘的角落,从而树立起负责任的与自己实力匹配的大国形象。中国的发展离不开世界,让全世界都听到中国的声音,向世界讲述中国,让世界了解中国,中国与世界各国共同推进人类命运共同体建设也是每一个媒体人的使命与追求。

目　录

第一章
新型主流媒体国际传播相关文献研究述评

第一节　新型主流媒体相关理论研究

一、新型主流媒体的概念与特点

"主流媒体"(Mainstream Media)的概念是由西方引入的,关于其定义存在几种不同观点。有相当一部分的中文文献采纳了美国的语言学家乔姆斯基(N. Chomsky)的说法,乔姆斯基认为主流媒体即"精英媒体"或"议程设置媒体",如《纽约时报》和哥伦比亚广播公司(CBS),此类媒体通常拥有强大的经济实力和丰富的资源,其议程设置的能力能影响其他媒体对新闻的选取,影响着社会舆论。[①]但也有学者提出其他观点,[②]认为"主流媒体"是与"小报媒体"(Tabloid Media)相对应的、具有影响力的严

---

① Chomsky N. What Makes Mainstream Media Mainstream[J]. *Z Magazine*. 1997, 10(1).
② 朱江丽,蒋旭峰.从"主流媒体"到"新型主流媒体":中国特色社会主义新闻观的嬗变与突破[J].新闻界,2017(8):38—45.

肃媒体,①严肃媒体遵循的是客观性主张与新闻专业主义,严肃媒体往往拥有较高的社会影响力,由此成为主流媒体;也有研究引用了社会学家米尔斯(Mills)的观点,认为主流媒体即为"具有巨大影响力、接触到主流受众、引导公众舆论并产生强大社会影响力的媒体"。②

而我国对主流媒体的引入,经历了从他称—泛称—自称的过程,在最初的使用中,"主流媒体"特指以美国《纽约时报》《华盛顿邮报》为代表的媒体,在 2000 年后,官方媒体开始使用"主流媒体"自称,在文献中也出现了相关表述"根据我国的国情,中央和各省市的党委机关报,中央和省市级的广播电台、电视台,毫无疑问都是主流媒体",③主流媒体的特点包括:关注重大问题、发挥重大影响、具备权威地位、党政机构支撑。④此后,主流媒体逐渐成为被国内广泛接纳和使用的概念。

2014 年 8 月 18 日,中央全面深化改革领导小组第四次会议审议通过了《关于推动传统媒体和新兴媒体融合发展的指导意见》。习近平总书记强调:"着力打造一批形态多样、手段先进、具有竞争力的新型主流媒体,建成几家拥有强大实力和传播力、公信力、影响力的新型媒体集团,形成立体多样、融合发展的现代传播体系。"由此提出了打造"新型主流媒体"的目标。

相比"主流媒体","新型主流媒体"被认为存在以下特征:(1)在形式上,新型主流媒体与互联网有更高的融合,做到"形态多样、手段

---

① McChesney R. and Nichols J. The Rise of Professional Journalism: Reconsidering the Roots of Our Profession in An Age of Media Crisis[J]. *These Times*. 2005, 12.

② Mills, C.W., 2000, The Power Elite[M]. *Oxford University Press*, *New York*.

③ 周胜林.论主流媒体[J].新闻界,2001(6).

④ 童兵.论新型主流媒体[J].新闻爱好者,2015(7):5—7+1.

先进"。除了具备传统媒体的形态外,还具有融合新媒体矩阵等全媒体形态。①有学者认为媒介形式的多样与先进代表的是有别于传统媒体的内容生产与传播模式。②(2)从评判标准和传播效果上,新型主流媒体要"具有竞争力",提升"传播力、公信力、影响力"。

2019 年,习近平总书记在中共中央政治局第十二次集体学习时,首次提出全程媒体、全息媒体、全员媒体和全效媒体("四全媒体")的概念,这一概念成为新型主流媒体重新建构新闻生产和传播的新机制,加快构建全媒体传播格局的指导理念。

二、新型主流媒体实践路径探析

在"新型主流媒体"的概念提出后,国内外的传播环境也在发生变化,一是由 5G、AR 等技术和互联网发展带来的与智能媒体、平台媒体融合问题以及"后真相"③问题;二是"一带一路"倡议、"人类命运共同体"等"中国方案"的提出带来的传播机遇;三是当下后疫情时代带来的传播困境。新型主流媒体的实现,则需要在此背景下,加强"互联网＋"下的媒体融合,打造"四全",提升"三力"。

(一) 推进媒体深度融合

新型主流媒体的媒体融合,主要从在新闻内容生产、平台融合两个层面展现。

① 肖叶飞.新型主流媒体的基本特征、构建路径与价值实现[J].编辑之友,2020(7):52—57.

② 喻国明,曲欣悦,罗鑫.试析传统媒体与新媒体的合作模式与操作要点[J].中国地质大学学报(社会科学版),2016(4).

③ 漆亚林."后真相时代"新型主流媒体的价值重构[J].新闻与传播研究,2018,25(S1):105—107.

一是新闻内容生产。新技术运用下的媒体融合,使得新闻生产的主体、新闻产品形态和新闻生产方式发生改变,即实现智能化、数据化。互联网的"去中心化"和人工智能技术的运用,使得生产主体除传统的人类记者外,还包括了以新华社"快笔小新"等人工智能机器人为代表的生产主体,"人机合作"成为新的生产主体。在新闻形式方面,由传统的图文、视频丰富为可视化信息图表、H5、小游戏、VR/AR 视频等形式,在大数据、AR 等技术的加持下,新闻的互动性、体验感不断增强。在新闻生产方面,得益于平台媒体的快速传播、舆论反馈和大数据对热点的动态捕捉、人群跟踪,使得新闻生产过程中记者编辑对热点的预测和信息的抓取更加精准、全面、及时,①同时满足受众个性化、多样性的需求。新闻内容的加工环节,以"中央厨房"新闻生产机制,使得编辑、记者等人员可以实现更高效的分工协作与新闻素材在不同渠道的多次利用,提高生产效率。

二是平台融合视角。包括新型主流媒体的平台建设和互联网平台媒体合作两方面。2017 年 8 月,以人民日报社"中央厨房"为基础建成的"面向全国党报的公共厨房"——"全国党媒信息公共平台"开放全国各级媒体、党政机关、企业事业单位宣传部门入驻,为入驻机构提供内容生产、渠道运营、盈利模式等方面的数据与技术支持,②最大程度地实现了主流媒体的资源共享。与此同时,新型主流媒体积极借力海外社交媒体平台,如新华社在海外媒体平台凭借同一账号"New China"进行运营,在脸书、

---

① 蔡雯.5G 时代新型主流媒体的机遇与责任[J].人民论坛·学术前沿,2019(21):15—21.
② 蔡雯.媒体融合进程中的"连接"与"开放"——兼论新型主流媒体建设的难点突破[J].国际新闻界,2020,42(10):6—17.

推特、油管、照片墙、Line、VK 六个社交平台上使用 19 种语言发声,运营 4 年总粉丝数便突破 1 亿。①

（二）打造"四全"媒体

"四全媒体"是习近平总书记在中共中央政治局第十二次集体学习时提出的概念,指的是"全程媒体""全息媒体""全员媒体""全效媒体"。该概念的提出为我国进一步推动媒体融合发展、建设全媒体指明了发展方向。

"全程媒体"是指在新闻报道中,媒体可以同步跟进、记录、播报新闻生产的全过程,实现"直播态"的信息采集、编审和发布。2017 年,新华社推出了"现场云"平台,将新闻生产流程搬至线上,最大程度做到"新闻与现场同步"。②"全息媒体"要求拉近现实与数字化的距离,最大程度运用图片、视频、漫画等多种形式进行立体化呈现,③以中央广播电视总台为例,在大数据、人工智能技术为 5G 新媒体平台建设和业务生产赋能下,打造出"5G＋4K＋VR"新闻报道模式④。"全员媒体"是指信息生产的参与者不再局限于新闻专业生产人员,人工智能、UGC 等更多生产主体参与到新闻生产中。"全效媒体"指提升新型主流媒体的效率、效果和效能。对此,要求媒体主动采用多种形式报道,更好地把握受众心理,最大程度以贴近受众喜好的方式进行表达。近年来,在移动化、平台化、智能化背

① 姜飞,彭锦.以媒体融合促进对外传播能力建设[J].现代传播(中国传媒大学学报),2019, 41(8):7—11.

② 喻国明,赵睿.媒体可供性视角下"四全媒体"产业格局与增长空间[J].学术界,2019(7): 37—44.

③ 沈正赋."四全媒体"框架下新闻生产与传播机制的重构[J].现代传播(中国传媒大学学报), 2019,41(3):8—14.

④ 王润珏,胡正荣.真实、立体、全面:我国主流媒体的国际传播与国家形象塑造[J].出版发行研究,2019(8):81—84.

景及国家政策引导下,中央各大媒体先后在安卓(Android)、苹果(IOS)等系统中上线了针对外国受众的 App,成为在国际传播中融合创新的优质平台。中央广播电视总台的 CGTN 和 China Radio、《人民日报》的 Peoples Daily、新华社的 XINHUA NEWS、《中国日报》的 China Daily 等英文客户端都在力图呈现"四全"理念。[①]

(三) 提升媒体"三力"

媒体"三力"指"传播力""公信力""影响力"。2014 年 8 月 18 日,习近平总书记在中央全面深化改革领导小组第四次会议上的讲话中提出:要着力打造一批形态多样、手段先进、具有竞争力的新型主流媒体,建成几家拥有强大实力和传播力、公信力、影响力的新型媒体集团,形成立体多样、融合发展的现代传播体系。

新型主流媒体的传播力是媒介传播力的简称,指媒介的实力及其搜集信息、报道新闻、对社会产生影响的能力。[②]因此,传播力的标准在于其议程设置的能力,对于新型主流媒体而言,在重大事件上的首次议程设置能力和在网络热议事件中的议程设置能力是评判的两个方面。以澎湃新闻为例,在实践中从组织构架、内容生产和社会传播三方面提升议程设置效果,以提升新型主流媒体传播力;[③]在疫情防控期间,中央广播电视总台与全俄国家电视广播公司、西班牙国家电视台、韩国放送公社(KBS)、阿联酋电视台等 30 个国家 85 家境外主流媒体合作报道 163 次,真实展

---

① 史安斌,张耀钟."四全+4D":新时代国际传播理论实践的创新进路[J].电视研究,2019(7):12—16.
② 刘建明等.新闻学概论.[M]中国传媒大学出版社,2007:40.
③ 黄杨.互联网新型主流媒体提升传播力的路径分析——以澎湃新闻为例[J].新闻与写作,2018(11):17—23.

现中国抗"疫"现状,主动共享抗"疫"信息,以提升中国抗"疫"实况的全球传播能见度与舆论议题引领力。①

新型主流媒体的公信力普遍被认为是指新闻媒体在长期的新闻传播实践过程中所形成并累积的、赢得社会和广大受众普遍信任的程度或能力。新闻舆论或新闻媒体的公信力形成往往取决于受众的信任。因此,也有学者认为,信任其实就是公信力概念的逻辑起点,而表达客体的信用、信赖便是公信力的重要评估对象。②对新型主流媒体来说,首先要让主流的声音进入大众,改变以往主流媒体在重大新闻报道中"失语"等现象,重新建立受众对主流媒体的信任。③因此,在进行国际传播的过程中,主流媒体应勇于正视、客观呈现;面对突发性事件或负面事件时,应在第一时间发出声音,把握信息传播权和话语权,提升媒体公信力,降低谣言生成和传播的可能。

新型主流媒体的影响力强调的是受众对主流话语的认同性,广义的影响力包含媒介影响力、传播影响力、内容影响力和受众影响力等多个方面。在全球传播视域下,新型主流媒体影响力指的是媒体对国际社会和国际受众产生最终的影响和效果,促进其认知、态度和行为变化的能力。④在传统媒体时代,以党报为主的主流媒体掌握舆论的话语权,但在互联网和新媒体的冲击下,主流媒体的影响力不断分散。因此,对新型主流媒体而言,需要积极探索媒体融合发展的一体化道路、不断拓展舆论空

---

① 陈鹏.中央广播电视总台抗疫报道国际合作的三个"现场".[J]国际传播,2020(2):6—14.
② 沈正赋.新媒体时代新闻舆论传播力、引导力、影响力和公信力的重构[J].现代传播(中国传媒大学学报),2016,38(5):1—7.
③ 石长顺,梁媛媛.互联网思维下的新型主流媒体建构[J].编辑之友,2015(1):5—10.
④ 冯锐,李闻.社交媒体影响力评价指标体系的构建[J].现代传播(中国传媒大学学报),2017,39(3):63—69.

间,以树立媒体权威。

第二节　平台媒体相关理论研究

一、平台媒体概念内涵研究

(一) 平台媒体的概念

如今全球面临着"一超多强"向"多极化"过渡的国际传播新格局。虽然西方对话语权的垄断正在逐渐松动,但我国仍然面临着国际传播中"西强我弱"的"失衡"格局。平台媒体在互联网数字媒体兴起的环境中应运而生,成为推动国际传播格局多极化的全球传播基础设施。

国外早在此概念提出以前就进行了媒体平台化的尝试,并持续发展平台媒体。2002年,谷歌(Google)基于算法创造了搜索技术与媒体内容相结合"谷歌新闻",这也是"平台媒体"雏形。2005年,Buzzfeed作为博客类平台开始创作高质量、有影响力的原创内容,此后依托技术为用户精准推送新闻,使其网站具有博客自主性与媒体公共性的特点。脸书(FaceBook,后更名为Meta)等平台也开发了个性化的信息推荐平台。发展至今,国外已有较多影响着国际传播的平台媒体。平台媒体(Platisher)一词出自Platform(平台)和Publisher(出版商)这两个单词,是2014年乔纳森·格里克在《平台媒体的崛起》一文中创造的。作者通过这两个词表现了两方面的含义:平台上内容的生产与媒体的内容发布、消费习惯等平台化发展。同年8月,一位撰稿人进一步对其进行了阐述,他认为平台媒体是不仅需要拥有媒体的专业权威性,而且要拥有用户平台特性的数字内容实体。①2017 年 3 月 29 日，哥伦比亚大学新闻学院 Tow 数字新闻中心发布了《平台新闻：硅谷如何重塑新闻业》研究报告，报告发现：②拥有流量优势的脸书、推特、谷歌等平台媒体和科技公司在加速取代传统发行者的角色，新闻机构持续地将内容推送到这些第三方平台，平台公司决定什么内容、什么形式和类型的新闻能够流行，分发已经不再是某些新闻机构的核心活动。③信息分发权从媒体机构转移至拥有海量用户、具备开放共享特征的互联网平台，客观上削弱了西方国家媒体的传统优势，为我们在国际传播领域提供了弯道超车的新战场，同时跨国互联网平台所有权集中于美国、"人工编辑＋算法推荐"的分发机制等对国际传播提出了新的挑战。

我国随后也逐渐开展对平台媒体的研究。2015 年，喻国明提出，平台媒体着力于创造一个良性的开放式平台而非凭一己之力进行内容创作传播，平台上需要存在规则、服务等相互平衡的力量，并且向大家开放，使大机构和个人都可以展现价值。④2019 年，王君超提出，平台媒体应当具有网络平台和产出内容平台两种身份，两者具有先后关系且有一定的规则和监督把关行为进行管理。⑤有研究总结各位学者的定义后，将平台媒体总结为是在一定的规则约束与监督下，可以兼具媒体属性与互联网平台

① 喻国明，焦建，张鑫."平台型媒体"的缘起、理论与操作关键[J].中国人民大学学报,2015, 29(6):120—127.
② 骆世查.硅谷如何重塑新闻业——哥大新闻学院 Tow 数字新闻中心"平台新闻业"报告[J]. 新闻记者,2017(7):34—44.
③④ Bell E. J., Owen T., Brown P.D. et al. The Platform Press: How Silicon Valley Reengi-neered Journalism[J/OL]. 2017. [2022-01-27]. https://doi.org/10.7916/D8R216ZZ. DOI: 10/gmjq9k.
⑤ 王君超，刘婧婷.平台型媒体、"中央厨房"与深度融合——兼论《赫芬顿邮报》的衰变[J].新闻界,2019(12):17—26. DOI: 10/gn7dfw.

特征、结合传统媒体优势与开放性新媒体优势、注重内容专业性与平台开放性的新型网络生态系统。我国"平台媒体"这一概念的产生与传播较晚,发展却十分迅速。其发展大概可以分为三个阶段,①第一阶段是 2008 年以前,这一阶段诞生了一系列 BBS 类及博客类产品,如天涯社区、新浪博客等,它们促进发展了电脑平台的社交化浪潮。第二阶段是 2008—2016 年,微博、微信等移动端平台媒体大量产生且获得成功,开始构建互联网服务交友时代。第三阶段是 2016 年至今,大数据、算法推送等先进技术被广泛应用于各平台。平台媒体在我国已经逐渐成熟,参与到了国际传播当中。

如今国内外的平台媒体发展较快、种类较多。如今日头条、抖音、TikTok、Buzzfeed、油管等都是平台媒体。我们可以将其分为两类,一类是聚合的信息内容较为单一的单一性平台媒体,如抖音只进行视频的聚合。另一类是可以聚合媒介内容、应用等的综合性平台媒体,如百度便聚合了检索、资讯、导航等多种功能,以满足用户的绝大部分需求。

（二）作为基础设施的平台研究

在过去的十年里,越来越多的媒体研究和其他相关学科的学术研究将我们的注意力集中在基础设施的社会、物质、文化和政治层面,这些基础设施支撑着世界各地的媒体以及通信网络和文化。这种基础结构的转变对于数字媒体来说具有更大的意义,特别是数字平台的影响力。在"扰乱"了社会、政治和经济生活的许多领域后,许多最广泛使用的数字平台现在似乎本身就是基础设施。②

---

① 丁一玮.从有限到无限:平台型媒体界定与信息监管困境[J].传媒,2020(16):94—96.
② Plantin J-C, Punathambekar A. Digital Media Infrastructures: Pipes, Platforms, and Politics[J]. *Media*, *Culture & Society*. 2019, 41(2):163—174. DOI: 10/gfrkb5.

　　第一很明显的是,有影响力的数字平台构成了用户层面的社会和物质基础设施。因此,社会生活与文化生产从开始就与平台密不可分。它们的影响力、市场影响力以及对网络效应的不懈追求,使得脸书等平台媒体公司开始介入,并成为多个社会和经济领域的重要组成部分。第二,互联网公司依靠互联网平台的特性来取代或与现有的基础设施相结合以获得经济优势。或许最显著的例子是优步(Uber)等拼车公司在组织公共交通方面的影响力。这些努力往往是与城市行政规划部门合作进行的。第三,互联网公司越来越多地投资于基础设施项目。亚马逊从一开始就是一个物流帝国,它将商品配送和在线计算服务结合起来,包括谷歌、脸书和微软在内的公司都在建设和维护数据中心、增强电信网络建设力度并进入互联网服务提供产业。如果这种对基础设施的兴趣仅仅是互联网公司满足其不断扩大的数字存储和计算需求所必需的,那么它也揭示了这些公司未来规划的多样性方向,当然,它们在数字文化的每一个可以想象的层面上的力量都是非常巨大的,譬如说在国际传播格局的构建层面。

　　还有学者探讨了基础设施视角如何重构数字平台的研究,并提出与数字平台日常使用相关的规模、劳动力、行业逻辑、政策和法规、国家权力、文化实践和公民身份等问题。简而言之,如果数字平台变得越来越基础化,那么我们需要向平台提出一些我们通常提出的与基础设施有关的问题。为此,我们从布莱恩·拉金(Brian Larkin)①那里得到了启发,他将基础设施作为一种文化分析,强调认识论和政治承诺,选择人们认为平台是基础设施的内容和人们忽略的内容进行研究。

---

① Larkin B. The Politics and Poetics of Infrastructure[J]. *Annual Review of Anthropology*. 2013, 42(1):327—343. DOI: 10/gcnzqb.

还有学者基于历史研究的方法,鼓励我们超越技术和系统层面来解释想象,构建和维护媒体基础设施所涉及的意识形态工作。简而言之,强大的媒体基础设施(例如国家和公共广播系统)的发展一直是产生新的社会形式和界定公民身份的物质和意识形态基础。因此,要与主要的数字平台达成协议,就需要关注数字基础设施在世界各地公共文化中所发挥的审美和情感力量。①

吉莱斯皮(Gillespie)同样通过研究数字中介的法律结构和技术支持如何塑造公共话语,分析了平台中的代理和建筑之间的紧张关系。他以油管为例,强调了平台媒体公司如何使用"平台"一词,将自己定位为中立的推动者,淡化自己的代理机构:"平台"意味着足够具体又足够模糊,可以跨多个场所,面向多个受众,比如开发者、用户和广告商。最近关于优步和爱彼迎法律责任的争论说明了这一策略:这两家公司把自己塑造成一个平台,"仅仅"将汽车或房产所有者与潜在客户联系起来。

(三) 平台媒体的分类

一是资源整合型平台。平台媒体凭借原生自互联网的优势,有着促进信息聚合的基础服务能力,成为一个资源整合型平台。在平台媒体中,除了传统媒体提供专业的新闻内容,还有 UGC(用户生产内容)、PGC(专业生产内容)、OGC(职业生产内容),以及运用人工智能技术生产新闻的 MGC(机器生产内容),多种内容生产方式共同促进了平台新闻信息供给侧的繁荣,平台的内容量远超于报纸、电视所能容纳的范畴。

---

① Gillespie T. The Politics of "Platforms"[J]. *New Media & Society*. 2010, 12(3):347—364. DOI: 10/b4sxdq.

　　二是功能服务型平台。平台媒体可以根据用户使用时产生的数据提供精准化服务,成为功能化平台。技术发展使得信息、功能的提供变得即时性、泛众化,用户享受到了更加精准的服务与更强大的平台功能。[①]平台媒体通过搜集用户的个人特征以及浏览习惯,利用算法推荐技术,将信息精准地推送给用户,不仅可以海量地提供即时性、泛众化的新闻信息,还可以满足分众化、个性化、差异化的受众个人偏好,甚至可以给用户制定"私人日报",真正做到了"千人千面"。

　　三是交互型平台。平台媒体都会有着天然的社交功能,可以提升用户使用参与感,成为交互型平台。平台媒体将过去传统媒体的单向传播转变为传受互动的双向传播,给受众提供了发表意见的场域,极大地改变了舆论生态,逐步形成哈贝马斯概念化的"公共领域",而且网民的情感表达多姿多彩,部分评论甚至比原新闻更精彩,传受双方能够更好地交流互动,激发了用户的情感表达,提升了用户的参与感和沉浸感。平台媒体发展至今,已经成为全球信息的集散中心,人与人的交流和信息传播几乎都被纳入平台,它是名副其实的"全球媒介"。

　　四是高度资本化平台。大数据和算法是平台媒体的基础架构,两者均需要用户个人数据作为支撑,用户的个人数据变得更有价值,平台用内容获得用户黏性,并将用户的人口特征和兴趣习惯卖给广告商,以此来获取利润。广告商可通过这些具体的数字化指标,更精准地投放广告,用户数据异化为虚拟货币,"平台资本主义"的影响日益凸显。

---

① 马立德,程怡,李韬.平台型媒体对传播权力的重构与治理之道[J].青年记者,2021(3):9—12. DOI:10/gn7dfs.

二、平台媒体国际传播研究

（一）平台媒体对国际传播格局的重构

一是传播主体的重构。全球信息网络和国际信息的流动空间被大数据、算法推送、人工智能等新媒体技术重塑，人们参与传播活动的准入门槛大幅降低，信息内容的生产和资源不再集中于专业新闻机构，而是转移到用户多、开放、共享的各个互联网平台。平台媒体的发展促进了话语权的重新赋权，实现了"人人都有麦克风"。中美截然不同的政治制度、意识形态和国际传播目的，导致在国际舆论场上，西方常将我国新闻事件作为战场，对我国发起各种舆论战。一直以来，无论被动应战，还是主动出击，担当我国国际传播的主体主要集中于《中国日报》、中国国际广播电台、中国国际电视台、中国新闻社、新华社等专业媒体和以外交部新闻发言人为代表的政府工作人员。在平台媒体时代，这种国际传播的情势亟须改变。一方面，"塔西佗陷阱"效应让我国官方媒体和政府人员所传播的信息被质疑、忽略。在脸书、推特上，我国所有专业媒体都被标注为中国官方或国有媒体，甚至媒体记者个人账号也被同样标注。更奇葩的是，与这些专业媒体具有合作业务的研究机构的账号也同样被贴上标签，如与央视合作的国内大熊猫研究机构的推特账号@ipandacom，也被标注为"China state-affiliated media"。同样，我国政府工作人员的推特账号也被注明"中国政府官员"。针对这一标注效果，有记者曾随机采访在华外国人，部分在华外国人表示此标签会让他们质疑其信息可信度，甚至完全忽略。另一方面，在数字媒体时代，信息分发几乎都由算法推荐所控制，而具有"中国国家/官方媒体""中国政府官员"等标签的账户内容被限制推广。

二是空间层面的重构。国际数字平台模糊了以往清晰的民族、国家边界。平台信息的国际性传播打破了各国地缘空间的限制。在全球化、数字化发展的浪潮之下，不同政府、媒体、个人都拥有了更加开放、多样的表达渠道，平台媒体在国际传播中发挥着更大的作用。数字媒体的影响力日益增长，促使包括政党在内的许多组织采用数字媒体来宣传其议程，分享政治和专业观点，并沉迷于社会互动。例如推特，是当今最为突出的微博平台之一，它在与政治、世界危机相关的互动中发挥着重要而有影响力的作用，尤其是在全球范围内传播突发新闻。①

三是时间层面的重构。平台媒体有着强大的信息聚合与传播功能。世界发展中的复杂问题愈发需要得到解决，各个国家主体对维护自身主权与发表对外言论、外交回应、维护政治边界等需求变得更加迫切。能够瞬时传播国际信息、使用便利、用户众多的平台媒体成为国际传播交流的首选。平台媒体的传播沟通活动往往没有时间的限制，传播主体之间可以进行即时沟通，降低沟通成本的同时增强了传播时间的自我支配的灵活性，提高了沟通效率。②

四是思维方式的重构。"平台思维"并不如"媒体思维"一样强调公共性、专业性、组织性和等级性。互联互通、优势互补、资源共享的开放型"平台思维"随着平台媒体的整合发展和自身优势逐渐成为新的主导性理念。平台推动着平台思维在用户中的发展与深入，用户在平台思维的养

① Paul J., Parameswar N., Sindhani M. et al. Use of Microblogging Platform for Digital Communication in Politics[J]. *Journal of Business Research*. 2021，127：322—331. DOI：10.1016/j.jbusres.2021.01.046.

② 杨晶，吴文艳.中国价值观国际传播的新媒体平台构建策略[J].中国广播电视学刊，2018（9）：99—102.

成中也对平台媒体产生影响,对国际传播格局进行着缓慢重构。

但是在这个过程中也产生了一些问题。

一是加剧了国际传播的复杂性。一方面,某些西方国家利用国际话语权依托国际平台媒体向他国灌输其观念。另一方面,平台媒体中不同的用户观念、平台利益诉求等加剧了国际传播的复杂性和不确定性,威胁到了主流媒体话语权的主导地位,影响了科学、正确、符合全球化发展的话语的传播。掌握信息分发权的平台公司可能在推荐机制中融入平台倾向。2016年5月的两篇文章——《要想知道脸书是如何对待记者的?雇佣之后就知道!》《前脸书员工:我们常规性地压制保守派新闻》引发了对脸书"偏见门"的争论。①根据文章内容,脸书热门新闻版块由一群年轻人运营,他们被告知从受到偏好的媒体如《纽约时报》《时代》《综艺》等传统出版物中选择文章,避开布赖特巴特新闻网等网站,不在标题和总结中出现"推特"一词。同时,保守派话题受到压制,"脸书新闻板块操作如同传统的新闻编辑室,反映着公司员工和机构规则的偏见"。平台公司的国际政治偏见和经济利益驱动可能导致其对国际传播内容的操纵。

二是数字帝国主义威胁。警惕数字帝国主义对国际传播的威胁。目前少数大企业通过网络效应集中大量数字劳工和数字资本,从而实现对数字的生产传播的控制,利用其霸权进行观念的强势输出与话语权的垄断。②正如美国学者丹·席勒所言,信息和互联网通信技术已经成为国家之间的"新战场",美国在当前的信息政治经济格局中居于主导地位,一项

---

① 张智伟.平台型媒体崛起:国际传播的机遇与挑战[J].青年记者,2019(17):106—107.
② 姬德强,杜学志.平台化时代的国际传播——兼论媒体融合的外部效应[J].对外传播,2019(5):13—15+44.

2014 年的研究发现，谷歌在欧洲搜索市场的占有率超过 90%，在印度的在线应用市场，美国企业也处于支配地位。截至 2018 年 7 月，在活跃用户达到 10 亿以上的五个平台媒体——脸书、油管、瓦次艾普（WhatsApp）、微信、照片墙中，四个平台的所有权属于美国公司，而微信用户主要集中于中国境内。跨国平台所有权集中于美国，造成了新媒体时代国际传播媒介的新垄断。美国国家意志和国内政治压力可能会导致平台媒体对其他国家传播渠道的打压、封禁。如 2018 年 8 月，缅甸军方包括武装部队总司令敏昂莱和缅甸军报《妙瓦底新闻》在内的 20 个脸书账号遭到脸书封禁，涉及 1 200 万粉丝，理由为"侵犯人权"。此次封禁几乎切断了缅甸军队主要的国际公共沟通渠道。①

三是"强者更强"，西方媒体的传统优势借助平台得以放大。互联网媒体诞生之初，有观察者认为互联网媒体技术会打破新闻来源的集中和垄断，减少新闻机构与新闻编辑对国际新闻通讯社的依赖，但早期的研究数据已经推翻了这样的认识。目前，少数国际新闻通讯社仍旧掌握内容生产主导权。在平台媒体条件下，西方媒体可能借助内容生产优势实现"赢者通吃"。平台媒体催生了更多传播主体，但信息生产仍属于稀缺能力，国际新闻供应链出现供应垄断、传播扩张现象，如路透社、美联社等国际新闻报道经常被大量账户采用，导致高度同质化的"刷屏"现象，媒体内容生产的传统优势得以放大。还有更多的问题需要关注：平台媒体对用户的隐私侵犯、塑造个人信息茧房、"后真相时代"问题的普遍暴露、网络谣言与假新闻的传播……目前平台媒体在发展中的许多问题还将持续存

① 张涛甫.新媒体技术迭代与国际舆论话语权重构[J].人民论坛·学术前沿,2020(15):6—11.DOI:10/gn7df4.

在,并且对国际传播的发展持续产生不利影响。

(二)平台媒体对国际传播的内容规训

尼尔·波兹曼曾指出,每一种工具都嵌入了意识形态偏向。在资本主义生产关系下运营的平台媒体自然具有特定的意识形态属性——资本逐利逻辑主导了创作者的生产框架以及算法的策展取向。在国际传播层面,以李子柒在海外平台收获大量人气为例,她是成功的,而究其原因,有一方面便是她很好地避开了平台媒体对于国际传播内容的规制,如去语境化,即李子柒的镜头遮蔽了被拍摄物的文化语境,转而投向单纯的衣、食、住、行及其发生过程;去现代化,即李子柒视频中展现的创作场景、过程和成果都与崇尚效率的现代工业社会相距甚远。平台媒体中常见的这类叙事——通过科幻化、寓言化或抽象化的幻想许诺某处乌托邦之境——与其说是向受众推销理想生活的范本,不如说它已然成为逃离现代社会的集结号,在满足受众猎奇心理和减压需求的同时,激发出超越参与者传统文化身份的反思现代性的文化想象;还有去意识形态化,即李子柒视频只谈风月,有意识地规避意识形态元素。但是,国家形象传播恰恰需要对文化传统及历史语境的详尽讲述,恰恰需要论证自身现代化道路的合法性与合理性,恰恰需要甄别并彰显自身的意识形态立场,以李子柒为代表的自媒体显然无法据此在商业媒体中生存,也因此难以实现国家形象传播的宏愿。他们各有千秋而又千篇一律的影像间或折叠起这样一个隐蔽的规训机制①——看似价值中立的平台媒体在资本逐利逻辑下有选择地培育和策展特定内容,"李子柒们"抱以热望的努力注定是一场以

---

① 侯旭东,赵朋珂.隐形规训:平台型媒体中的国际传播[J].青年记者,2021(20):103—104.

去国际传播为特征的国际传播。

　　技术平台媒体在某种程度上既是数字内容制造活动的重要主体，又是内容型媒体栖身的小环境。比如像微信、微博、抖音这样的超级平台媒体，它们既直接受国家相关法规政策等制度大环境影响，又不断通过在自己平台上设立或改变游戏规则，改造内容型媒体的小环境。例如于2020年上线的微信视频号，微信官方一方面通过调整发布视频时长、打通公众号与视频号、上线直播功能等举措吸引包括企业、新闻机构、原生媒体等各类行动者入驻，另一方面又通过发布《微信视频号运营规范》、删除封禁违规账号等方式对使用者的账号注册、信息传播等行为作出管理。平台媒体越大，对内容媒体及用户的吸附力和控制力就越强。聚焦在平台媒体这一类行动者上，会看到它们之间也有相当的差异和竞争。有些平台媒体更偏向于技术—设备端形成的聚合力，比如苹果公司。2021年有一些研究报告提出，要重视智能手机制造商、网络运营商等纯发布平台，认为这会是新闻传播和消费领域的下一个创新风口。[1]有些平台媒体则偏向于算法技术形成的关系黏性，我们熟悉的那些互联网巨头企业就属于此类，它们通过各自不同的算法和产品设计，给不同的内容媒体搭建了不一样的传播小环境。

　　有研究分析了 TikTok 上入驻的 5 个头部新闻媒体的策略：美国《华盛顿邮报》主要依靠主播录制的创意娱乐内容和新闻速写；阿根廷《国家报》主要依靠主播挑选有趣的新闻文章并以独特的风格播报；法国《世界

---

[1] Investigating an Emerging Asian News Delivery Platform: Android Lock-Screens[EB/OL]（［日期不详］）［2022-02-08］. https://reutersinstitute. politics. ox. ac. uk/investigating-emerging-asian-news-delivery-platform-android-lock-screens.

报》依靠幽默的知识性解说；美国 NBC 新闻的策略是发布搞笑短视频；英国 BBC 在 TikTok 上几乎不发布新闻，全是搞笑视频，且著名主播们有时也会出镜。①与其说这些著名新闻媒体想通过 TikTok 传播内容，不如说它们更想博得 TikTok 年轻用户对媒体品牌的"好感"。为了适应不同平台的特色，新闻媒体开发出"产品经理""社交媒体编辑"这样的新岗位。

平台和内容方还会通过"中介组织"进行合作。比如有研究关注了视频直播服务公司 LiveU 对电视新闻报道带来的影响。成立于 2006 年的 LiveU 在全球 130 多个国家拥有超过 3 000 个媒体客户，研究者发现电视媒体在采用 LiveU 的直播技术服务后可以大幅削减新闻直播支出。②还有像 Subtext 这样专门为新闻媒体机构提供短信服务的平台，用户不仅可以在此接收到所订阅媒体发来的短信，还能通过爆料、提问、评价等形式同记者、编辑、播客主播交流互动。③2021 年研究者关注最多的还是 MCN 机构，即 Multi-Channel Network（多频道网络）。国外 MCN 机构的早期雏形是以"下一个网络"（Next New Networks）为代表的原创视频中介，它不从事内容生产，主要以聚集视频创作者、提供播放渠道、广告代理等为内容创作者提供服务。此后，YouTube 平台收购了"下一个网络"并采取一系列举措支持该模式在全平台推行，从而推动了"内容中介机构组织下的规模化、工业化内容生产实践进程"。④兴起于微

① 佚名.五大重量级外媒如何玩转 Tiktok?_传媒头条-全媒体智库! ［EB/OL］(［日期不详］)［2022-02-08］. http://www.cm3721.com/kuaixun-21420.html.

② ILAN J. We Now Go Live: Digital Live-News Technologies and the "Reinvention of Live" in Professional TV News Broadcasting［J］. *Digital Journalism*. 2021, 9(4):481—499. DOI: 10/gjfr85.

③ 全媒派.倒退还是进化? 为了做新闻,这些媒体重新发起了短信-36 氪［EB/OL］(2021-02-24)［2022-02-08］. http://36kr.com/p/1111834816342273.

④ 翟秀凤.多频道网络(MCN)机构背后的平台循环创新机制［J］.新闻记者,2021(8):48—60. DOI: 10/gpdnc6.

博、微信公众号等平台的国内 MCN 机构近年来也借短视频、直播行业的
爆发迅速壮大，①在 2021 年已超过 3 万家。这些中介组织都是通过提供
某种服务，方便内容媒体投身平台媒体，并获得更好的平台位置。有意思
的是，大内容媒体和大平台媒体现在都在这个领域布局。据《传媒蓝皮
书：中国传媒产业发展报告（2021）》统计，2020 年全国 28 家广电媒体共
成立了 36 家 MCN 机构。国内媒体办 MCN 比较知名的有浙江广电黄金
眼 MCN、南京广电的奇迹畅娱 MCN、山东广电闪电 MCN-LightningTV，
等等。

目前 MCN 机构主要是推出娱乐内容，还不能将其视为一类主要的
内容行动者，但新闻人、新闻机构之间形成的正式或非正式合作组织，已
经被研究者视为通过倡议、培训、协作等方式服务新闻业的一种新闻行动
者新类型。②例如 2020 年初，来自 30 个国家的事实核查组织开展了对新
冠疫情信息的协作核查，在项目中扮演组织协调工作的是国际事实核查
网络（IFCN）这样的新闻合作机构。③最后，平台媒体和内容型媒体还可
能进一步"融合"，形成"你中有我，我中有你"的局面。比如平台媒体会开
发自己的内容池，管理自己的内容生产团队和作者队伍，而内容媒体则会
搭建自己的平台，推行"平台化"策略。但从目前的观察看，这两大类行动

---

① 张培培.网红"工厂"；MCN 机构的发展历程、兴起逻辑及未来趋势[J].未来传播，2021，28
　　（1）：48—54. DOI：10/gpdndg.
② 刘天宇，罗昊.协作是新闻业的未来吗？——对跨组织新闻协作的元新闻话语分析[J].新闻
　　记者.2021（11）：66—80. DOI：10/gpdnkv.
③ SCIENCES A the A A A A is A Freelance Journalist from T S Graduated from the B-R-S
　　U of A, FACT-CHECKING the D W A after completing a M degree in international media
　　studies S teaches workshops on，DIVERSITY V as W as on，et al. Fact-Checkers Go into
　　Battle against Coronavirus Misinformation[EB/OL]（2020-03-09）[2022-02-08]. https://en.
　　ejo.ch/ethics-quality/fact-checkers-go-into-battle-against-coronavirus-misinformation.

者的行动目标、组织逻辑和文化相差甚远，可能很难也没有必要完全复制对方的模式。平台媒体直接做新闻内容，且不说在国内有《互联网新闻信息服务管理规定》限制，不具备新闻采编资质，即便是谷歌、脸书和苹果公司也没有成立自己独立的新闻采编部门。反过来，国内一些主流新闻媒体开始尝试"平台化"策略，比如在自己的 App 上自建某某号，希望其他内容提供者入驻。这些媒体自建的小平台一是不成气候，本质上不具备真正的平台媒体那种黏性，虽然号称是平台化，但更像是一种策展模式下的多来源内容生产。更重要的是，主流新闻媒体建平台还有一个难以克服的问题，即自建平台上的其他内容提供者会分享主流媒体的品牌，而这又是主流媒体不能或是不愿接受的。

新闻媒体的品牌价值、权威性与内容质量、媒体地位等是绑定的，是它最大的无形资产，不可能随意把平台上的其他内容提供者纳入麾下共享令名，但如果对其他内容提供者也用同样严格的方式管理，那就很难扩大平台的规模，而规模恰是平台能成为平台的核心。因此，完全融合或彼此取代是不现实的，目前看来平台媒体和内容媒体最合适的方式还是在承认和尊重彼此差异的基础上深度合作。

（三）后疫情时代的平台媒体与国际传播

当下，意识形态偏见在西方国家死灰复燃，并有愈演愈烈之势，部分政客通过污名化和清除异己的手段来统合政治和社会共识。一些匪夷所思的污名化标签竟然借助于政客的力推在社交平台上大行其道。皮尤中心的调查显示，部分美国民众对中国的好感度降至历史新低（22%）。弗朗西斯卡·马利·罗德里格斯·德·安德拉德（Francisca Marli Rodrigues de Andrade）在研究中对 2020 年 3 月 19 日至 4 月 3 日期间发布的推文进行了时间系列研究，①检索了 160 万条推文，通过三个阶段的数据筛选完成主题和情绪分析。关于这些主题的推文内容清楚地揭示了用户情绪，其中以负面情绪（恐惧、悲伤和愤怒）为主，在类别信任中情绪比例较低。微博中唤起的主题和情绪揭示了全球当前政治两极分化背景及其对推特用户对新冠肺炎大流行病的理解的影响的特征。一些政客趁机发动"价值观新冷战"来转嫁国内舆论压力，我国外宣媒体和文化交流机构遭遇了一浪高过一浪的打压，一些常规工作被迫陷入停顿。②

在国际传播媒体频频受到外力打压，媒体品牌成为对外传播工作中的负资产时，提升自身内容在渠道中的可见性成为后疫情时代对外传播的要义所在。所谓"平台"（platform）是在网络化生存中起到枢纽作用的基础设施。在平台化社会中，③技术运用同质化、文化表达多样化、信息传播全球化以及社交群聚的本土化等特征共同主导了新闻传播的理论与实践，深刻影响着国际传播和公共外交的表达逻辑。

以大型互联网平台公司为主导的信息传播新型基础设施正在从技术、市场、政治和文化等多个层面，重构全球传播的信息流动新格局、地缘政治新秩序和文化交往新生态。在这个全球传播的平台化转型过程中，新冠肺炎疫情扮演了加速器的作用：一方面，快速推动了以短视频社交、

---

①　Rodrigues D. E. Andrade F. M., Barreto T. B., Herrera-Feligreras A. et al. Twitter in Brazil: Discourses on China in Times of Coronavirus[J]. *Social Sciences & Humanities Open*. 2021, 3(1):100118. DOI:10/gn9r3r.

②　史安斌,童桐.世界主义视域下的平台化思维:后疫情时代外宣媒体的纾困与升维[J].对外传播,2020(9):4—7+1.

③　Md Waal, Poell T., Dijck J. V. The Platform Society. Public Values in a Connective World [M/OL]. The Platform Society. Public Values in a Connective World, 2018[2022-01-27]. http://www. researchgate. net/publication/341161857 _ The _ Platform _ Society _ Public _ Values_in_a_Connective_World.

视频会议、流媒体音乐等为代表的互联网平台对社会生活的全面渗透；另一方面，严重加剧了全球传播已有的裂痕，包括基础设施建设和终端接收使用的数字鸿沟，以及与政治博弈、贸易争端和文化歧见等深度绑定在一起的数字平台的地缘政治。①

1. 平台化：垄断隐忧及地缘政治格局变化

加拿大传播政治学者文森特·莫斯可（Vincent Mosco）所论及的"下一代互联网"（the Next Internet）正主导全球信息传播格局新时代。这里的"平台"概念不仅仅是一个技术修辞，代表了一种全面互联和超级孵化的民主化新生态，更具体指向少数具有全球垄断性的跨国互联网公司及其所搭建的拥有高度整合和生产能力的中介性数字平台。这一垄断化的趋势主要有两方面的原因：第一，互联网世界技术功能的集中化，即传统上多元的信息来源结构和多维的流通网络被以搜索引擎为代表的信息集成平台和以平台媒体为代表的社会化网络平台所替代，另外还有其他各类数字平台对特定领域信息的集成，如交通、教育、购物、生活服务等；第二，互联网世界的资本化趋势，主要表现在大型互联网公司的金融化转型，通过投资、并购等方式塑造了新的数字商业帝国及其在全球的垄断式布局。

如果按照单一的商业化逻辑来分析，数字平台的垄断化趋势高度符合数字资本主义的内在机理，从而形成新的数字商业帝国结构，在全球重新配置传播资源。然而，这一资本化逻辑（capitalistlogic）往往被更加复杂多样的地域化逻辑（territoriallogic）所过滤，包括不同政治经济制度对

---

① 姬德强.数字平台的地缘政治：中国网络媒体全球传播的新语境与新路径[J].对外传播，2020(11)：14—16.

数字平台的塑造和规制（如美国的商业模式、欧洲的公共模式和中国的国家模式等），以及多样化的地缘政治行动者（如国家、社会组织、群体和个人）对数字平台的积极运用，从而形成了价值和空间意义上多元的地缘政治关系，也造成了资本化的无界和地域化的有界之间的辩证矛盾体。这一矛盾关系也正在驱动着全球社会从"后真相"向"深度后真相"转型，深度影响着一国政治和地缘政治格局。

有关数字平台的地缘政治，荷兰学者何塞·范·迪克（Jose van Dijck）的论述有较大的影响力，也代表了在中美两大平台体系（platform-system）的夹缝中间，欧洲在找寻自身位置上的学术化努力。在 2018 年的欧洲传播学会（European Communication Conference）卢加诺年会上，她提出，目前的世界版图上有两大系统或者两个"五大互联网巨头"（Big Five）体系正在主导着一个不断平台化的全球社会，而且它们处于多维的竞争关系之中。这两个系统分别是：源自美国的平台系统，以脸书为代表的五大互联网公司；以及源自中国的平台系统，以阿里巴巴、腾讯为代表的中国五大互联网公司。在这两个系统之间，欧洲更依赖美国的平台公司，特别是在基础设施服务层面。中美两大平台系统有着根本区别，也预示着两大平台系统在全球化过程中所潜在的的矛盾。反观过去几年中美在信息通讯和网络媒体领域的龃龉和冲突，我们不难看出，除了偶发性的政治和商业因素，这一集中化和板结化的全球平台系统格局也为结构性和系统性地缘冲突的出现埋下了隐患。面对这一复杂的数字平台的地缘政治，中国的对外传播需要更加清晰的认知和更加坚定的决断。

2. 平台、KOL：国际传播的新角色

平台化扩展了对外传播的想象力与边界，而在实践层面也导致了草根化、社交化的趋势日渐明显。2016 年以来,互联网空间内对于政治议程的掌控权正在向来自基层草根的关键意见领袖(KOL)迁移。皮尤中心的调查显示,近半数平台媒体用户认为社交平台上的新闻缺乏多元性。从近年来美国"反建制派"崛起的趋势来看,传统主流媒体及大型传媒公司的影响力和信任度在互联网空间内日渐式微,社交平台用户对于机构品牌的辨识度越来越低,精英和名流的话语权被来自基层草根阶层的 KOL 瓜分和蚕食,这一趋势在新冠肺炎疫情防控期间表现得更为显著。更为严重的是,受到外部政治压力和民间"取消文化"(cancel culture)的掣肘,来自中国官方媒体的视频内容屡次被油管打上"虚假信息"的标签,推特及脸书也多次以假新闻治理为由限制中国媒体的信息流,加之新近实施的以"政府所属"标注外宣机构账号的举措,我国外宣媒体提升机构话语权和品牌辨识度的传统思路日渐难以为继。

在此形势下,对外传播主体要以平台化思维来调整战略布局,淡化以国家和机构为导向的中心化色彩,开展去中心化、去品牌化的节点式传播,将主编、记者、评论员等专业角色重塑为适应新形势的 KOL 型传播主体。相比于机构账号,个人账号能够提升内容的可见性和互动性,提升用户的参与意识。打造个人化的 KOL 矩阵是实现数字公共外交定制化传播的有效路径。以机构为主体的对外传播实践往往将受众视为铁板一块。实际上,西方国家内部不同政治倾向、不同族裔的 KOL 在对外传播网络中扮演着中介者的角色。以美国社会为例,其本身具有多元化的社会结构背景,不同社会群体及其相关次生议题在公共生活中发挥了相互制衡的作用。

近年来，CGTN等外宣媒体注重本土化建设，记者及主播群体具有多族裔、多元化的背景。以本土化和定制化的思路发掘KOL的社群属性，重视不同社群之间的议程互构和对本土化议题的介入，从而将单向度的机构思维转变为多元化的平台理念，针对特定受众群体开展定制化传播，可打破少数政客设置的意识形态话语陷阱，团结一切可以团结的力量，形成复调传播的声势和声量，从而扭转目前外宣媒体在国际舆论场上的被动局面。

在充分认识到数字平台的在国际传播领域所具有的角色的前提下，平台需要策略性地做好数字平台的全球传播布局：一方面，借力商业平台的流量最大化逻辑，找寻较少地缘争端的国家和地区，快速打造互联互通的互联网市场，同时，通过政府间合作或民间KOL合作的方式，努力消除彼此间的数字鸿沟，短期内形成共建共享的网络空间命运共同体；另一方面，针对地缘争端较多的国家和地区，要适时通过政策杠杆，调整互联网产业的国内外布局，保证数字平台的健康可持续发展，在此基础上，持续打造具有全球竞争力的新数字平台，这一平台应具备优秀的技术创新能力，全球本土化的经营和管理视野，以及超越地缘政治的全球公共服务性。当然，我们需要注意到，全球舆论对中国数字平台所持有的政治化解读不会在短期内消失，也会不断成为地缘争端的借口，但既然矛盾存在，就需要解决矛盾的创新式和超越式努力。

（四）平台媒体全球格局与国际传播秩序

多年来各国不停地在为建立合理的国际信息与传播秩序而努力，时至今日，虽然倡导公正、自由的国际信息与传播秩序的尝试从未停止，但是这一理想秩序并未形成，反而因为互联网核心国牢牢把控着科学技术和关键基础设施,导致新秩序的进程举步维艰。①尽管如此,仍有许多国家与个人在为合理的国际信息与传播秩序而不懈奋斗。在国际传播空间不断转换语境的情况下,一个国家对于本国的平台媒体运作已经日渐关系到国际信息与传播秩序的改变与建构。全球平台媒体的影响有着前所未有的深度与广度,随着平台媒体时代的来临与深入发展,奠定了自下而上的开放分布式传播特点,传统媒体的内容驱动变为内容、用户、数据三者共同驱动,显然用户自发生产的内容已经成为不容忽视的力量,但是从更深层次来看,平台媒体依然受到其生产国传统主流媒体议程设置的操控。因此,掌握强大影响力的平台媒体并在国际社会中利用其进行话语权争夺、舆论引导与信息传播主权的争夺,成为国际信息与传播秩序新的突破口,把握好平台媒体国际化的建设,对在合理范围内倡导公正、自由的国际信息与传播秩序具有不可小觑的影响。

由于美国平台媒体产品的垄断式全球覆盖,这样的平台媒体国际格局已经严重影响公正合理的国际传播秩序。2018 年学者在 alexa.com 中抓取到了 180 个国家和地区的平台媒体网站使用情况,呈现结果如表 1.1,有 93 个国家和地区的平台媒体网站排名前三的产品均为美国产品,27 个国家和地区流量排名前三的平台媒体产品不全为美国产品。2019 年在 alexa.com 中抓取到了 133 个国家和地区的平台媒体网站使用情况,呈现结果有 97 个国家和地区的平台媒体网站流量排名前三的产品均为美国产品,23 个国家和地区排名前三的产品不全为美国产品。2020 年在 alexa.com 中抓取到了 123 个国家和地区的平台媒体网站使用

---

① 李莉,苏子棋,吕晨.移动互联网产品全球化发展策略研究——以 TikTok 为例[J].管理现代化,2021,41(1):44—47. DOI: 10/gmpscp.

情况,有 96 个国家和地区的平台媒体网站排名前三的产品均为美国产品,有 24 个国家和地区排名前三的产品不全为美国产品。从数量上看,无论是使用平台媒体网站流量前三的全部为美国产品的国家和地区,还是使用平台媒体流量前三包含非美国产品的国家和地区,其数量变化都不大。从各个国家和地区所使用的平台媒体产品来看,美国的平台媒体产品诸如 Youtube.com、Facebook.com、Wikipedia.org、Instagram.com、Twitter.com、Blogspot.com 等依然占据了绝大部分国际市场,与2018 年的调查结果相似,除中国外,其他各个国家和地区使用流量排名前三的平台媒体均包含美国产品。其他国家的平台媒体产品无论是使用广度还是国际化程度,还是远不及美国产品。①

表 1.1　2018—2020 年 Alexa 中平台媒体网站使用率统计结果

年份	前三包含非美国产品的国家和地区数量统计	前三全部为美国产品的国家和地区数量统计
2018	27	93
2019	23	97
2020	24	96

　　网站类型的平台媒体格局依然是美国产品的天下,而拥有自己平台媒体并且在一定范围内进行了国际化国家的平台媒体产品也在稳定发展,并未受到美国产品势头的影响,但是也并未开拓出其他海外市场。

　　然而近三年来,移动平台媒体的独立用户在持续增长,结果显示,移

---

① 田赞.平台媒体格局变迁下的国际传播秩序研究[D].硕士学位论文,西北大学,2021[2022-02-07]. https://kns.cnki.net/kcms/detail/detail.aspx?dbcode=CMFD&dbname=CMFD-TEMP&filename=1021733512.nh&uniplatform=NZKPT&v=Ayuv3wFNK4Ncaer6swg-JiWeW3b44QwIRnREhqVAF4Udr7HRCD9GOv-UbDlw4C4fv.

动用户在过去一年中增长了 2.4%,手机在互联网使用时间中所占的比例为 50.1%,目前所有网页请求中约有 53% 来自手机,虽然计算机在人们的日常生活中依然发挥着重要作用,但是移动端的增长已经超过计算机,成为国际传播秩序构建中不能忽视的一部分。

移动网络已成功进入市场,成为现代社会信息通信的必需品而非奢侈品,①更多的用户从电脑端转向移动端或移动端和电脑端共同使用。就 2018 年的移动端平台媒体下载量来看,毫无疑问是美国产品一统天下的局面。但是到了 2020 年这一情况出现改观,在 Google play store 中统计的 92 个国家和地区中,有 72 个国家和地区下载量排名前三的平台媒体均含有非美国产品,而下载量排名前三的平台媒体产品均为美国产品的国家仅有 20 个,与 2018 年的 76 个国家形成鲜明对比,这说明其他国家的平台媒体在迎头赶上,试图打破美国产品一统天下的局面。而在这72 个国家中,有 67 个国家在使用中国的平台媒体产品 Tik Tok 或 Tik Tok Lite。

美国等西方国家利用平台媒体进行舆论操控以及干预其他国家信息传播主权的行为,与提倡公正、合理、自由的信息流通的国际传播秩序背道而驰,作为全球唯一超级大国,美国的行为虽然无理,但得到了强大国力、先进的科学技术、关键基础设施掌控权以及先进的教育理念的支持,使得世界各国无法与之抗衡。但是随着全球化日益快速的发展,世界格局多极化来临,国际其他势力也在崛起中,美国的经济地位受到来自欧盟、日本、中国的强力挑战,这也意味着美国的霸权地位受到挑战,面对不

①　刘翠霞.平台媒体的生存样态及其伦理问题管窥——技术理性与媒介生态学双重视域下的审视[J].学术论坛,2020,43(4):89—96. DOI:10/gpdckn.

公正的现有国际信息与传播秩序,改变是时代潮流,而在国际平台媒体有着如此影响力的今天,人们也意识到平台媒体中的网络霸权是应当改变的,在多国都尝试发展各自的平台媒体的背景下,TikTok 强力挑战了美国平台媒体统治全球的局面,这是一个契机,是挑战美国网络霸权的机会,只有抓住机遇、迎难而上,合理的国际传播秩序才有可能迎来新的曙光。

第三节　国际传播相关理论与研究

一、国际传播概念与理论流派

(一) 国际传播的核心概念与脉络演进

国际传播研究兴起于第一次世界大战后,英美法等国从对外宣传的角度开始了对国际传播的研究,与国际政治和国际关系紧密相关,涉及不同学术领域。1922 年,"国际传播"(International Communication)成为专指概念被广泛运用。[①]

"国际传播"指的是超越国界的传播,是围绕民族、国家等行为主体进行的跨文化信息交流活动。[②]关于"国际传播"概念一直存在广义和狭义两种解释方式,广义的国际传播可以参照 1971 年美国学者马克海姆(J. W. Markham)提出的看法,指的是跨越一个国家以上的个体或群体地理性的具有政治便捷性的传播。而狭义的国际传播则特指借助大众传

---

① Rogers W. S. (1922). International Electrical Communication[J]. *Foreign Affairs*. 1(2): 144—158.

② 程曼丽.信息全球化时代的国际传播[J].国际新闻界,2000(4):17—21.

播媒介进行的跨国信息交流与传播活动。①

第二次世界大战时期,"国际传播"研究被广泛认为应指向现实问题、并对现有政治体制、社会系统的正常运作有所帮助。②这一时期的美国为了确保能与新占领地区的居民进行沟通合作,开始着手研究不同地区、不同文化背景下的受众,跨文化传播研究由此迅速发展起来,本尼迪克特、拉斯韦尔、拉扎斯菲尔德等一批传播学者纷纷从人类学、社会学等角度对国际传播展开从文化、内容到效果的多方面研究。③1950年,拉扎斯菲尔德呼吁"信息在美国政府宣传行动中的必要性",战后的美国成为全球超级大国,对国际传播研究的需求与应用研究一拍即合,由此促进了美国战后社会科学"黄金时期"的到来。④第二次世界大战后及冷战期间,相关研究主要以"国际政治传播""国际说服"和"国际一体化"等名义进行。

至20世纪60年代,全球权力结构开始发生改变,非洲、亚洲的新独立国家力量日益增长,将第三世界的国家纳入国际传播的系统内。⑤在冷战后以全球化和自由市场为导向的国际关系中,跨国公司作为新的国际传播主体,其提供的商品和资源开始成为国际传播的重要载体。20世纪90年代后,全球通信技术的不断增长,进一步促进了国际传播交流,传播

① 关世杰.国际传播学[M].北京:北京大学出版社,2004:1.
② 崔远航."国际传播"与"全球传播"概念使用变迁:回应"国际传播过时论"[J].国际新闻界,2013,35(6):55—64.
③ 张毓强,潘璟玲.国际传播的实践渊源、概念生成和本土化知识构建[J].新闻界,2021(12):41—55.
④ 展宁.学术与政治:国际传播研究在美国的兴起[J].新闻界,2019(10):92—100.
⑤ Ayish I. 2001. International Communication in the 1900s: Implications for the Third World[J]. *International Affairs*. 68(3):487—510.

主体更加多元,在国际传播过程中,技术、经济、政治、社会和文化领域之间的界限开始模糊。①

(二) 国际传播的代表理论与优化研究

国际传播的理论发展与全球传播环境变化、实践变革息息相关,发展中也对国际关系、媒体研究等领域进行了理论借鉴。从理论演进视角来看,围绕两次世界大战期间国际传播实践展开的研究包含内容分析、大众传播效果研究、群体心理的传播学研究以及说服传播改变人们认识、态度和行为的研究。有学者将国际传播相关研究理论概述为以下 12 种代表类型。

(1) 信息自由流动理论(The Free Flow of Information)。该概念起源于冷战时期,资本主义国家与社会主义国家关于国家监管和媒体审查的争议。20 世纪 60 年代,第三世界崛起,开始反对西方发达国家对其经济和信息的主导,呼吁建立新的世界信息和通信秩序。②国家间就自由市场是否有利于信息的自由流动、促进民主进程的广泛参与进行了持续的争论,并持续处在变化之中。

(2) 现代化理论(Modernisation Theory)。该理论发展于第三世界崛起之际,人们希望大众媒体能够打破传统文化对社会的控制,成为国际交流的最佳载体,以达到促进社会团结、创造"现代化"的目的,③被视为第三世界变革的手段。与此相类似的还有"创新扩散"(Diffusion of

---

① Madikiza L., Bornman E. International Communication: Shifting Paradigms, Theories and Foci of Interest[J]. *Communication*. 2007, 33(2):11—44.

② Masmoudi M. 1979. The New World Information Order[J]. *Journal of Communication*. 29:172—198.

③ Lerner D. 1958. The Passing of Traditional Society: Modernizing the Middle East[M]. *New York: Free Press*.

Innovations)理论。①

（3）依附理论（Dependency Theory）。依附理论质疑现代化理论，认为世界分为以西方为代表的"中心"和第三世界为代表的"边缘"，在以跨国公司为主体的国际传播活动下，"边缘"会日益遭受"中心"的支配。由此也引发了有关"文化帝国主义"（Cultural Imperialism）②、"媒体帝国主义"（Media Imperialism）③和"电子殖民主义"（Electronic Colonialism）④的探讨。

（4）帝国主义结构（Structural Theory of Imperialism）理论。有学者将该理论看作依附理论的扩展和细化，该理论强调了地区、民族国家和群体之间存在的不平等。理论的提出者将"帝国主义"从经济、政治、军事、交流和文化五个方面展开，并由此出发，剖析"中心"和"边缘"在国际交流中如何扩大不平等的关系。⑤

（5）世界系统理论（World System Theory）。该理论同样是对依附理论和帝国主义理论的扩展。理论之贡献在于承认在当前世界秩序中出现了新的社会体系，即全球/世界体系，关注重点不再是"中心"和"边缘"之间的关系。⑥这一改变所体现的，是信通技术在全球范围内的扩散，建

① Rogers E. 1962. The Diffusion of Innovations[M]. *Glencoe*, *IL*: *Free Press*.

② Ayish M. 2005. From "Many Voices, One World" to "Many Worlds, One Voice": Reflections on International Communication Realities in the Age of Globalisation. JAVNOST—THE PUBLIC 12(3):13—30. Sparks C. Media and Cultural Imperialism Reconsidered[J]. *Chinese Journal of Communication*. 2012, 5(3):281—299.

③ Boyd-Barrett O. 1977. Media Imperialism: Towards an International Framework for the Analysis of Media Systems[M]. In Mass Communication and Society J. Curran, M. Gurevitch and J. Woollacott(eds), 116—135. *London*: *Edward Arnold*.

④ McPhail T. L. 1981. Electronic Colonialism: the Future of International Broadcasting and Communication[M]. *Beverly Hills*, *CA*: *Sage*.

⑤ Galtung J. 1971. A Structural Theory of Imperialism[J]. *Journal of Peace Research*. 8:81—117.

⑥ Chase-Dunn, C. and T.D. Hall. 1993. Comparing World-systems: Concepts and Working Hypotheses[J]. *Social Forces*. 71(4):851—886.

立起容纳更多形式的全球系统。

（6）霸权（Hegemony）理论。霸权理论以葛兰西"霸权"概念为出发点，他认为维护统治阶级权利更有效的方法是对文化产品的生产和分配的意识形态控制。在国际传播中，霸权理论经常被用来指媒体的政治、社会和文化功能。国际大众媒体被视为国际传播中用以宣传和维护意识形态的角色。

（7）政治经济学理论（Political Economy）。该理论关注政治和经济权力的基础结构对国际传播的影响。在国际传播领域，许多从政治经济理论视角出发的研究都与媒体的所有权、生产模式有关，以理解媒体在全球范围内的扩张在国际传播中起到的作用与影响。

（8）批判理论（Critical Theory）。该理论来自法兰克福学派理论家阿多诺和霍克海默于 1947 年出版的《启蒙的辩证法》（Dialectic of Englishtenment）中首次使用的"文化产业"这一概念，批判理论家们认为"文化产业"的发展和其将意识形态嫁接入大众之中从而抵制社会主义思想的能力是对统治阶级有利的。[①]"文化产业"的繁荣削弱了群众批判性地处理重要社会政治问题的能力，导致政治上的被动行为，使群众从属于统治精英。

（9）公共领域（The Public Sphere）理论。"公共领域"的概念是由德国社会学家尤尔根·哈贝马斯提出的。作为批判学派的代表人物，哈贝马斯对公众化的标准化、大众化和自动化表示悲哀，认为其是官僚机构和利益集团（如广告、营销和公共关系）对公共话语的操纵。公共领域的概

---

① ［英］达雅·屠苏.国际传播延续与变革［M］.董关鹏主译.新华出版社，2004:80—83.

念被证明有助于从理论上解释传播过程在民主化、身份构建和全球化中的作用。①随着近年来媒介和交流的全球化,有了"全球公共领域"的说法,在这里,全球性的重大问题——环境、人权、社会性别和种族平等——可以通过大众媒介得到清楚的阐述。

(10) 文化研究(Cultural Studies)理论。该理论起源于英国伯明翰学派,代表人物为斯图尔特·霍尔。文化研究不关注媒体或受众,而是将传播本身作为一种文化过程。理论关注的重点是媒体、技术、制度或权力关系以外更广泛的文化问题。其贡献在于将早期被排除在国际传播理论之外的文化问题纳入讨论,②比如种族、族裔、性别等身份差异问题。

(11) 信息社会理论(Theories of the Information Society)。信息社会理论的核心是经济术语中信息的概念。信息被认为是一种商品,代表着国际经济中的关键战略资源。相关讨论如"数字鸿沟"。

(12) 全球化(Globalisation)理论。全球化理论通常被分为政治、经济、信息文化三个方面,③经济全球化关注在跨国贸易中国家经济向全球化经济的转变,政治全球化关注在全球经济活动下民族国家权威、合法性和主权的不断变化。文化全球化则常建立在麦克卢汉"地球村"的概念上。从媒介的角度来看,媒体和信通技术在世界范围内的传播使全球化成为可能。

进入 21 世纪后,数字媒体逐渐主导了人们的媒介使用,新媒体、平台媒体、智能媒体等关键词开始与国际传播紧密关联,数字平台地缘政治、

---

① Bornman E. 2003. Struggles of Identity in the Age of Globalisation[J]. *Communicatio*. 29(1&2):24—47.

② Thussu D.K. 2000. International Communication: Continuity and Change[M]. *London: Arnold*.

③ Rantanen T. 2005. The Media and Globalization[M]. *London: Sage*.

数字帝国主义对国际传播的威胁等新概念也被广泛运用于国际传播的研究当中。

此外,国际传播作为一种国家战略手段与软实力证明,其优化机制也被纳入各国学者的研究范畴当中。该类研究主要考察国际传播的四个维度,即谁来传播、传播什么、通过什么渠道传播、达到什么传播效果,意见领袖发挥重要作用。①如今国际传播的理念与实践都发生了极大转变,平台媒体对国际传播的重构、虚拟现实技术触发数字媒体的革命、数字时代的宣传战和心理战、智能传播对社交媒体环境的颠覆都要求各国国际传播机制的不断优化与完善。

(三) 国际传播当下发展与未来趋势

从全球环境来看,国际社会已进入全球化发展阶段,在这个大背景下,大众媒介的国际传播被看作是推动全球化发展的重要动力,因此,建立合理的国际传播体系,是维护人类共同利益的需要。②

当下,由西方世界主导的全球化进程出现了新的趋势。首先,由于西方国家所推广的西方现代性(包括意识形态、政治经济体制和世界市场)在全球范围内的扩散引发了负面效应,因此其推动力正在减弱;其次,发展中国家和新兴经济体在过去的几十年中受益于资本、市场、技术的全球化,实现了经济跨越式的发展,有望成为全球化新的动力。由此,有学者认为国际社会正步入"后全球化时代",未来可能形成更多元的全球话语体系,中华文化的国际传播也将迎来更多机遇。③

---

① 杨桑桑,李本乾.国际社交媒体涉华内容传播机制研究[J].中州学刊,2019(9):162—167.
② 刘建明.全球化的终极与国际传播架构[J].国际新闻界,2002(3):46—53.
③ 李怀亮."后全球化时代"的国际文化传播[J].现代传播(中国传媒大学学报),2017,39(2):13—17.

技术的快速发展也给国际传播带来了深刻的变化,①全球化网络媒介的形成、社交媒体平台的兴起、智能传播时代的到来,②改变了传播者、受众、媒介之间的权力关系,影响着全球信息的生产与传播,甚至是国际传播新秩序的构建。③这同时给予了发展中国家主流媒体发声的机遇,俄罗斯的"今日俄罗斯",阿拉伯的半岛电视台以及中国国际电视台(CGTN)借此机会迅速崛起,④打破西方主流媒体报道并传播世界全部新闻的局面。

从民族国家的角度出发,一个国家的"国际威望"是由国际文化价值结构的相互(身份)认同关系建构和表达出来的,"国际威望"的树立和国际影响力的形成应该依赖国家之间文化价值观的相互吸引和对彼此身份的认同。而这些,都建立在国家积极进行对外宣传、国际传播的基础上。⑤

此外,就中国近年来在国际传播领域的处境而言,仍面临许多挑战。西方在社交平台等对外传播渠道对中国进行封锁;在中国民族、领土等敏感问题上大肆制造和传播虚假新闻,⑥西方媒体有意的构造扭曲的中国国家形象,⑦加上中国在国际传播中的应对经验不足,使得西方"中国威胁论"的论调甚嚣尘上。⑧

---

① 吴玉玲.新技术条件下国际传播的发展变化[J].新闻与传播研究,2001(4):61—67+96.
② 廖祥忠.视频天下:语言革命与国际传播秩序再造[J].现代传播(中国传媒大学学报),2022,44(1):1—8.
③ 来向武,赵战花.国际社交媒体传播:基于使用率的信息控制与舆论影响[J].国际新闻界,2019,41(12):154—172.
④ 李艾珂,吴敏苏,赵鹏.世界信息传播秩序演变与中国的贡献——以中国国际电视台(CGTN)的传播实践为例[J].现代传播(中国传媒大学学报),2018,40(6):65—69+75.
⑤ 李智.试论国际传播在国家树立国际威望中的作用[J].国际论坛,2005(1):1—5+79.
⑥ 徐培喜.数字时代中国国际传播领域面临的五个挑战[J].现代传播(中国传媒大学学报),2021,43(6):14—16.
⑦ 罗以澄,夏倩芳.他国形象误读:在多维视野中观察[J].新闻与传播研究,2002(4):14—23+94.
⑧ 刘强.新一轮"中国威胁论"的内因检视及对策思考——中国对外宣传的技术误区因素分析[J].世界经济与政治论坛,2018(4):74—90.

因此,应对外部挑战、提升自身国际传播能力,对当下的中国而言,既是机遇也是挑战。

二、中国国际传播的历史脉络与实践经验

(一) 中国国际传播的历史发展

新中国成立之初,在中国共产党领导下的新中国国际传播之基调在于对外介绍中国,中国国际传播的工作原则包括党性原则、正面宣传报道原则、内外有别原则和外外有别原则等均是在这一时期确定并延续。①自1949年至1966年,国际社会尤其是西方社会,对于中国制造了一种对抗情境,体现为第二次世界大战后国际政治和舆论上的高度对立。从国家认同的角度来看,1966年前后的转变体现为我国的对外传播制度建设从国家制度认同的构建转向以意识形态认同为核心的政治文化认同构建。②尼克松访华等事件标志着我国对外关系的重要转机和突破。

国际传播作为一项高度政治化的文化领域的特征在中国的发展中十分突出。1978年,中宣部设立了首个外宣机构——对外宣传局,统筹外宣工作。改革开放对中国国家性质的改变体现为实现了从"嵌入"并同构在高度政治化的国家体系之中,到"脱嵌"效应引起国家运作的变化,并逐渐同国际"接轨",使中国国际传播演变为具有一定自主性的领域。这一改变主要体现为三个方面:一是在指导思想层面改变了国家外宣策略,由从属于政治转变为"让世界了解中国";二是采编和分配方式变化引起的

---

① 张毓强,潘璟玲.国际传播的实践渊源、概念生成和本土化知识构建[J].新闻界,2021(12):41—55.

② 周庆安,聂悄语.认同构建与制度转型:中国对外传播70年的新制度主义研究[J].全球传媒学刊,2019,6(2):59—73.

传播职能变动,传媒的职能部分地从意识形态主导的国家宣传工具脱离;三是国际传播的主体向社会领域偏移,即"大外宣"时代来临。[1]1991年1月中国政府成立中华人民共和国国务院新闻办公室,旨在推动中国媒体向世界全方位说明中国,通过指导协调媒体对外介绍中国,并广泛开展对外交流活动。[2]

2001年是中国全球化的元年,我国对外开放也自此进入了全新阶段。对外开放取得初步成效并进一步加快步伐,意味着中国正在全方位地融入世界经济一体化进程中,也推动着中国国际传播来到新的历史阶段。该阶段由于网络媒体出现信息更加公开透明,基于数字媒体的舆论斗争也开始出现更多的冲突与斗争,媒介融合下的国际传播带来了新的任务与要求。2008年北京奥运会的召开成为中国国际传播改变国家形象历史转折的关键契机,我国逐步意识到面对西方主流媒体对中国国家形象的恶意误读,将"对外宣传"思路转变为"对外传播"是亟待解决的关键问题。[3]

(二) 中国国际传播的当代理解

党的十八大以来,以习近平同志为核心的党中央统筹发展全局,阐明新时代对外宣传的形势必然与价值,提出"讲好中国故事,传播好中国声音","精心做好对外宣传工作"等方略。习近平关于新时代对外宣传重要论述蕴含着文化底蕴与时代诉求、规律剖示与中国运用、精神传承与实践创新相结合的发生机理,具有丰厚的理论土壤与现实基础,对于维护外宣

---

①　云国强.历史与话语模式:关于中国国际传播研究的思考[J].新闻大学,2015(5):87—94.

②　中华人民共和国国务院新闻办公室介绍[R/OL].国务院新闻办公室门户网站,[2006-3-13].[2021-9-31].http://www.scio.gov.cn/xwbjs/jigou/1/Document/620855/620855.htm.

③　张毓强,潘璟玲.国际传播的实践渊源、概念生成和本土化知识构建[J].新闻界,2021(12):41—55.

格局、推动国际传播具有重要价值。①

习近平强调，坚定文化自信"要更好推动中华文化走出去，以文载道、以文传声、以文化人，向世界阐释推介更多具有中国特色、体现中国精神、蕴藏中国智慧的优秀文化"。②文化走出去是增强中国文化国际竞争力的必由之路，同时也是全球化信息化时代的机遇。随着当前中国经济实力与政治影响力的不断提升，中华文化在全球范围内的影响力不断扩大，中华文化的国际传播是必要的也是必然的。③

以"中国梦"为核心宣讲中国的改革成就，让国外民众清楚"了解中国共产党为什么能、马克思主义为什么行、中国特色社会主义为什么好"，以传播中国现代化发展的魅力。

2017年1月，习近平总书记在日内瓦联合国总部提出"构建人类命运共同体，实现共赢共享"的中国方案，为推动构建全球治理话语体系、促进世界各国合作共赢贡献的中国智慧。同时，"人类命运共同体"的提出，为我们国际传播提供了明确的传播思路与内容路径。④

提升中国特色国际传播能力，进行国际传播体系建设。在2013年的"8·19"讲话中，习近平总书记首次提出"推进国际传播能力建设"，要求"讲好中国故事，传播好中国声音"，⑤为我国国际传播能力建设奠定了理

---

① 巩瑞贤.习近平关于新时代对外宣传重要论述的生成理路、理论精髓及价值意蕴[J].思想教育研究,2021(8):21—26.
② 习近平在中共中央政治局第三十次集体学习时强调加强和改进国际传播工作展示真实立体全面的中国[N].人民日报(海外版),2021-06-02.
③ 洪浚浩,严三九.中华文化国际传播的必要性、紧迫性与挑战性[J].新闻与传播研究,2014,21(6):5—21+126.
④ 陈伟军.人类命运共同体构建与中国价值观的国际传播[J].新闻界,2019(3):92—100.
⑤ 学习贯彻习近平总书记"8·19"重要讲话精神[EB/OL]. http://theory.people.com.cn/GB/40557/368340/.

论基础。"十三五"规划将"加强国际传播能力建设"纳入纲要,标志着国际传播能力建设正式成为国家战略发展规划的重要内容。在党的十九大报告中,习近平总书记指出要推进国际传播能力建设,展现真实、立体、全面的中国,提高国家文化软实力。①

在具体行动上,重点在于围绕"讲好中国故事"提高多元主体的叙事能力。"讲好中国故事"是构建一套以中国传统文化源流为基础并结合当下中国经验的新的话语体系的一种尝试。②事实上,讲好中国故事,不仅是要发出中国声音,更重要的是通过讲故事达成跨文化沟通,在故事中体现人类共同价值和普遍关注的话题,以跨越群体间的差异。③在现实中,中西方在"中国观"上面临巨大差异,为了"讲好中国故事",要求在找到中华文化核心价值的基础上,④突破西方话语,从中华文化中找到中国"自我形象"最鲜明的表达。⑤此外,中外文化的差异要求在讲述故事的过程中,根据讲述的语境、目标、讲述者、受众的不同而选择不同的表达方式,⑥以达成在跨文化交流中更广泛的连接。

在十九届中共中央政治局第三十次集体学习时,习近平总书记强调:

---

① 习近平.决胜全面建成小康社会 夺取新时代中国特色社会主义伟大胜利:在中国共产党第十九次全国代表大会上的报告[EB/OL]. http://www.gov.cn/zhuanti/2017-10/27/content_5234876.htm.

② 吴宗杰,张崇.从《史记》的文化书写探讨"中国故事"的讲述[J].新闻与传播研究,2014(5):20.

③ 赵欣.国际传播视野中的中国故事叙事之道——"第一主讲人"人类命运共同体意涵的国际分享[J].新闻与传播研究,2021,28(1):5—25+126.

④ 胡晓明.如何讲述中国故事?——"中国文化走出去"的若干理论与实践问题[J].现代传播(中国传媒大学学报),2013(5):107—155.

⑤ 陈先红,宋发枝."讲好中国故事":国家立场、话语策略与传播战略[J].现代传播(中国传媒大学学报),2020,42(1):40—46+52.

⑥ Sherzer J., "Tellings, Retellings and Tellings within Tellings: The Structuring and Organization of Narrative in Kuna Indian Discourse," in Richard Bauman & Joel Sherzer, eds., Case Studies in the Ethnography of Speaking, Austin, TX: Southwest Educational Development Laboratory, 1982, pp.249—273.

"必须加强顶层设计和研究布局,构建具有鲜明中国特色的战略传播体系。"国际传播体系建设涉及跨文化话语建构、实践过程。首先,需要立足中华文化、"讲好中国故事",从打造"人类命运共同体"的角度,建设融通中外的对外宣传话语体系,优化国际传播的叙事框架和模式。此外,从体制建设上,习近平总书记要求"各级党委(党组)要把加强国际传播能力建设纳入党委意识形态工作制",建立健全新华社、外交部等各部门之间的跨界协调机制、对外新闻应对机制,完善"一带一路"国际智库合作委员会、上海合作组织等多边合作机制。加大财政和人力投入,"建强适应新时代国际传播需要的专门人才队伍",以保证国际传播工作的开展。党的二十大报告中,习近平总书记进一步强调:"加强国际传播能力建设,全面提升国际传播效能,形成同我国综合国力和国际地位相匹配的国际话语权。深化文明交流互鉴,推动中华文化更好走向世界。"为未来我国国际传播建设工作提出了进一步的要求。

综合来看,新中国成立以来,我国国际传播主要理念变迁过程中始终未脱离几个主要特征:始终坚持政治性,即坚持中国共产党的领导,始终坚持社会主义中国立场,持续维护国家主权、安全和发展利益;坚持人民性,坚持为人民服务,以中国人民和世界人民的根本利益为出发点;侧重战略性,注重以国际战略为背景和语境,注重对外传播的体系性和导向性需求,统筹兼顾多种对外传播方式和手段;此外,继承性与创新性并举,理论性和时代性动态平衡。[1]

---

[1] 薄立伟.党和国家主要领导人对外传播思想变迁研究(1949—2022)[D].北京外国语大学,2023.

(三) 当代中国国际传播的实践经验

近年来,随着我国国际传播在理念开辟、主体拓展等方面的创新,我国各级传播主体都在国际传播中取得了一定成效和突破。

从以国家为主体的传播实践来看,构建了丰富的国际传播议题和交流方式,塑造出立体、多维的中国形象。首先,近年来中国提出了"一带一路"倡议、"人类命运共同体"的"中国方案",随着各项倡议的推动,为中国的国际传播实践带来了新的议题。"一带一路"倡议秉承共商、共建、共享的原则,推动沿线国家共同发展,趁此机遇,体育文化、[①]中国传统中医药文化[②]纷纷走上了对外交流的道路,各种行业会议、媒体合作、学术研究[③]活动等在此背景下展开,给予企业、媒体等不同主体展开国际传播的机遇。其次,"脱贫攻坚"成为当下"讲好中国故事"的又一主题,在脱贫故事中,既有充满民族文化特色的传统中国,又有互相帮助、脱贫致富的团结中国和科技创新的现代中国,[④]从小人物的故事出发,塑造出生动鲜活、积极向上的中国形象。最后,以奥运会、[⑤]冬奥会为代表的国际体育赛事,孔子学院[⑥]为代表的中华传统文化交流活动、[⑦]二十国集团峰会[⑧]为代表的

① 陈刚."一带一路"战略实施中推进体育文化国际传播的研究[J].首都体育学院学报,2017,29(1):4—7+25.
② 李玫姬."一带一路"战略背景下中医药文化国际传播的机遇、挑战与对策[J].学术论坛,2016,39(4):130—133+180.
③ 夏德元,宁传林."一带一路"新闻传播问题研究现状及热点分析——基于文献计量、共词分析与 SNA 方法[J].当代传播,2018(1):32—36+53.
④ 栾轶玫.新时代中国国家叙事脱贫攻坚的对外传播[J].编辑之友,2020(9):5—14.
⑤ 冯霞,尹博.北京奥运文化传播与中国国家形象塑造[J].北京社会科学,2007(4):72—75.
⑥ 李宝贵,刘家宁."一带一路"战略背景下孔子学院跨文化传播面临的机遇与挑战[J].新疆师范大学学报(哲学社会科学版),2017,38(4):148—155.
⑦ 逄增玉.当代中国文化国际传播的现状与路径述论[J].现代传播(中国传媒大学学报),2018,40(5):14—20.
⑧ 窦卫霖,郭书琪.国际传播中国家领导人形象的塑造策略——基于 G20 成员国政府网站领导人简介的对比研究[J].现代传播(中国传媒大学学报),2014(3):37—40.

国际交往活动成为中国在国际传播的重要载体,塑造出中国深厚、有亲和力的国际形象。

从以媒体为主体的传播实践来看,在当下媒体融合的背景下,主流媒体作出了许多有益尝试。在大数据、人工智能、5G 等新技术的应用下,新华社、中国日报、CGTN 等主流媒体加强与脸书、推特等海外媒体平台的合作,升级转型为全媒体传播平台;①另一方面,主流媒体也在实践中逐步探索国际传播产业化,建立起更具传播活力的"全媒体集团",②有效提升对外传播影响力和国际竞争力。此外,以《舌尖上的中国》为代表的由主流媒体制作的纪录片,近年来在海内外获得不俗反响,成为中华文化软实力建设、推动中华文化走向世界的又一载体。③

以企业和个人为主体的传播实践来看,跨国企业、国际化媒体平台和"网红"也成为对外传播的推动力量。首先,在经济全球化的背景下,中国企业开始更加关注国际市场,纷纷通过国际互联网平台(如推特、脸书等)进行形象展示④,TikTok 等在海外"走红"的企业也起到了跨文化传播的效果。⑤从个人角度,一批使用 vlog 等视频形式在社交网络进行展示的"网红",也起到了推动中国文化"走出去"的积极作用,除了大家耳熟能

---

① 姜飞,彭锦.以媒体融合促进对外传播能力建设[J].现代传播(中国传媒大学学报),2019,41(8):7—11.

② 张毓强,产业化:国际传播媒介发展的必由路径[J].现代传播(中国传媒大学学报),2012,34(12):42—44.

③ 赵曦,赵丹旸.中国纪录片国际传播的现实路径——以央视纪录频道国际化策略为例[J].现代传播(中国传媒大学学报),2014,36(1):90—94.

④ 杨伯溆.从国际传播到全球传播:跨国公司的介入及其影响[J].新闻与传播研究,2003(3):29—38+94.戴鑫,胡尹仪,刘莉.中国 500 强企业如何在互联网上做国际传播——基于网站设计与文化适应的视角研究[J].新闻与传播研究,2019,26(4):85—112+127.

⑤ 李呈野,任孟山.跨文化传播视域下 TikTok 的东南亚"在地化"路径[J].传媒,2020.9(2):53—56.

详的"李子柒",还有因在疫情防控期间展示中国文化而走红的"洋网红"——"我是郭杰瑞"①等,都成为海内外共同关注的个人形象。

第四节　跨文化传播相关理论研究

一、跨文化概念与理论发展历程

跨文化传播研究,是应第二次世界大战后美国政治、经济力量向全球延伸的现实背景而发展起来的研究领域,研究的核心与存在的前提是对"文化差异"的关注。②20 世纪 50 年代,美国人类学家爱德华·霍尔出版其作品《无声的语言》,在这本书中,霍尔首次将 Intercultural 和 Communication 结合在一起,开创了跨文化传播(Intercultural Communication)研究领域,并提出了共时性文化、历时性文化、高/低语境文化等概念,为跨文化传播活动的研究奠定基础。1970 年,国际传播学会正式将"跨文化传播学"确立为传播学分支,由此,跨文化传播学逐渐发展为独立学科。③

跨文化传播主要是围绕"文化与传播""人与传播的关系""他者的意义"等理论命题展开。④在西方学界的不同语境中,"跨文化传播"存在至少四种不同表达方式:"Inter-cultural Communication" 以及 "Cross-cultural Communication" "Intra-cultural Communication" "Trans-

---

① 邱光华.从"我是郭杰瑞"Vlog 看"洋网红"如何讲好中国故事[J].传媒,2021.9:53—55.
② 陈辉,陈力丹.跨文化传播研究的知识结构与前沿热点:基于 CiteSpace 的可视化图谱分析[J].国际新闻界,2017,39(7):58—89.
③ 姜飞.美国跨文化传播研究形成发展的理论脉络[J].新闻与传播研究,2010,17(3):17—27.
④ 单波.跨文化传播的基本理论命题[J].华中师范大学学报(人文社会科学版),2011,50(1):103—113.

cultural Communication"。①对表达的意涵，在东西方的学术中经历过多次探讨。最早一批的跨文化传播研究者萨姆瓦和波特（Samovar and Proter）认为虽然这些词语存在细微差别，但 Intercultural Communication 应该是最适合的词，用以涵盖"来自不同文化的两个或多个传播者的所有状况"。②但这并没有结束学术上的争论，根据最新的研究，Intra-cultural 关注的是在"边界"（包括地区和国家边界、种族/民族边界等）范围内部，文化之间的共性问题；而 Cross-，Inter-，Trans-则关注跨越了"边界"的不同，Cross-cultural Communication 是对不同文化之间互动风格的比较，③Intercultural Communication 关注来自不同文化领域的个体的交流，Trans-cultural Communication 则是多种文化下的比较研究。跨文化传播研究的视角，是为了解除人们成长于其中的文化所带给他们的观念的绝对边界，以解释不同文化背景人群的互动过程与意义。跨文化传播研究的学术传统主要来自社会学、文化人类学、心理学和修辞学，借用和发展了包括齐美儿的"陌生人"、④帕克的"边缘人"⑤等经典理论，是跨学科知识交叉融汇的产物。⑥

①　姜飞，黄廓.对跨文化传播理论两类、四种理论研究分野的廓清尝试[J].新闻与传播研究，2009，16(6)：53—63+107.

②　Samovar Larry A. and Proter Richard E. (1972). Ed. Intercultural Communication: A Reader. Belmont, California: Wadsworth Publishing Company, Inc., p.1.

③　Fishell E. Intra-cultural, Inter-cultural, Cross-cultural, and International Communication: What's the Difference? What's the Story? The Vermont Young People Social Action Team. 2016. https://whatsthestory. middcreate. net/vermont/intracultural-intercultural-cross-cultural-and-international-communication-whats-the-difference/.

④　单波，王金礼.跨文化传播的文化伦理[J].新闻与传播研究，2005(1)：36—42+95.

⑤　高国菲，吕乐平."边缘人"再出发：理论重构及其与传播学的对话[J].国际新闻界，2021，43(2)：61—77.

⑥　吴予敏.跨文化传播的研究领域与现实关切[J].深圳大学学报（人文社会科学版），2000(1)：75—81.

由于跨文化传播研究的发展与现实社会的变迁紧密相连,因此该学科研究面向广泛且不断随着现实因素而丰富。在欧美国家,第二次世界大战后兴起的以国家为主体的国际体系建设和国际交流的需求增大,文化差异成为国际交流需要面对的问题;20 世纪六七十年代移民群体增加带来文化和族群融合的问题;20 世纪 80 年代以来的经济全球化引发更多企业组织和个人之间的跨文化交流问题。基于对现实变化的探索,20 世纪 70 年代后期至 90 年代末,美国跨文化传播研究经历了理论深化的阶段,至 90 年代早期,已基本形成四大方向:人际跨文化传播、跨组织文化传播、国际传播和比较大众传播学。从研究方法上,弗拉米亚(Flammia)等学者认为跨文化传播理论包括社会科学方法(或功能主义方法)、解释方法、批判方法和辩证方法四类范畴。①

从 20 世纪 90 年代初到 21 世纪初期,跨文化传播研究重心开始发生从"文化差异"到"跨文化能力"的转移。在承认文化差异的基础上,从"对文化本质差异的识别与建构"转向"通过人的主观能动性的发挥,实现有效地跨文化互动",标志跨文化传播的研究领域逐渐走向深化和整合的趋势,研究视角更聚焦个体差异,研究方法从比较归纳转为更加扎实的经验研究。

1983 年,我国学者何道宽发表的《介绍一门新兴学科——跨文化的交际》②被国内学者们普遍认为是最早将"Intercultural Communication"引入中国的文献。③近四十年来,Intercultural Communication 在中国经历了从外语研究再到传播学研究的扩散过程,"其中文译名从跨文化交

① Flammia M., Sadri H. A. Intercultural Communication from Aninter-disciplinary Perspective. US-China[J]. *EducRev*. 2011, 8(1):103—109.
② 何道宽.介绍一门新兴学科——跨文化的交际[J].外国语文,1983(2):70—73.
③ 陆国亮.想象力的枷锁:本土跨文化传播研究的奠基者神话[J].新闻界,1—10.

际"逐渐转为"跨文化传播"。①中国跨文化传播的研究领域广泛,涉猎思想认识、理论建设等多个方面,尤其是自 2000 年国家提出"文化走出去"战略后,对国家形象、软实力传播、国际传播等方面的跨文化传播研究更是进入新的阶段,成为一支重要的科研力量,以达到支持政策的作用。②

二、跨文化研究背景及相关研究成果

近年来,在全球化发展、技术发展的推动下,社会作为外部环境出现了新的变化和特征。而跨文化传播研究与社会变化紧密相连,必然受到外部环境的影响,因此,对可能影响跨文化传播研究的当下全球背景的关注则显得尤为必要。

结合近年来的中英文研究来看,"全球化"③与"新媒体"④成为新的环境变化关键词。在经济全球化、现代信息通信技术的迅速发展下,文化传播与媒介结合愈发紧密,使得全球语境下的跨文化传播现象更加丰富。一方面,在资本的全球流动下,跨国商品、机构的不断增加使得"文化的全球共享"成为现实;另一方面,以西方基督文化与伊斯兰文化为代表的跨文化冲突也日益激烈,⑤社会危机与社会风险也呈现全球化趋势。

---

① 陆国亮.交际与传播之争:"Intercultural Communication"的在华理论旅行[J].新闻界,
2021(10):77—87.
② 姜飞.跨文化传播研究的思想地图与中国国际传播规划的转向[J].暨南学报(哲学社会科学版),2016,38(1):83—95+131—132.
③ 陈卫星.跨文化传播的全球化背景[J].国际新闻界,2001(2):11—14+18.
④ Shuter R. Intercultural New Media Studies: The Next Frontier in Intercultural Communication. Journal of Intercultural Communication Research. 2012, 41(3):219—237.
⑤ 车英,欧阳云玲.冲突与融合:全球化语境下跨文化传播的主旋律[J].武汉大学学报(哲学社会科学版),2004(4):570—576.

从全球范围来看,以数字网络为基础的新媒体塑造了新的跨文化交流方式,在网络中构造新的全球共享"空间"并颠覆原有的跨文化表达,①从国家和地区的角度出发,媒介技术的进步,使跨文化传播中的载体由报纸、广播、电视等传统介质转为移动社交媒体,这给在西方国家以外、原本处于全球新闻舆论场边缘的国家和地区"异军突起"的机会,卡塔尔半岛电视台、"今日俄罗斯"和CGTN纷纷借此机会成为国际舆论场中的重要力量。②从企业层面看,全球化与新媒体的普及使视觉符号的传播更为广泛,相比文字更具有直观、形象的特点,使企业形象、商品广告、影视剧作品能够在全球进行传播,成为跨文化传播的主导元素。③从群体的角度出发,全球人口流动加快,使得留学生之间的互动、群体之间的冲突甚至种族间歧视的问题更加突出,从个体的角度出发,基于互联网的社交媒体给予用户前所未有的机会能够与其他文化和社会群体接触,但在这个过程中,网络被证实并没有消融距离,反而是强化了文化差异。④

此外,从中国为主体的角度来看,同时存在机遇与挑战。一方面,新媒体的发展使得我国新型主流媒体拥有了"弯道超车"、获得国际话语权的机会,在各国间文化竞争的全球性背景下,中国积极实施文化"走出去"战略,有效提升了自己的跨文化应对能力。⑤

另一方面是跨文化冲突与危机的出现,在国际关系中,部分国家、群

① Smith Pfister D., Soliz J. (Re)conceptualizing Intercultural Communication in a Networked Society[J]. *Journal of International and Intercultural Communication*. 2011, 4(4):246—251.

② 史安斌,盛阳.从"跨"到"转":新全球化时代传播研究的理论再造与路径重构[J].当代传播,2020(1):18—24.

③ 英明,罗忆.视觉符号语境下的跨文化传播[J].当代传播,2007(6):22—24.

④ Marcoccia M. The Internet, Intercultural Communication and Cultural Variation[J]. *Language and Intercultural Communication*. 2012, 12(4):353—368.

⑤ 张涛甫.跨文化传播中的"文化反哺"——兼论"韩流"现象[J].当代传播,2016(3):27—30.

体对"中国制造"持负面评价,其背后就存在跨国经营中的文化适应性问题。①在群体间和群体内部,移动新媒体的普遍使用,使得"数字鸿沟"问题凸显,加大了信息的不平等和人群的分化。②

面对全球范围内的新环境与新变化,对"身份危机"的探讨成为显著的话题,在理论的运用上,跨文化传播下的"身份构建"③、对"他者"的认知④成为在不同语境、不同主体下研究的核心。

小　结

在未来,以进一步提升国际传播效能、构建中国国际传播话语为目标,需以新型主流媒体为依托,充分利用国内外平台媒体资源,走中国特色国际传播路线,建设中国特色国际传播体系。

新型主流媒体是我国未来国际传播核心路线的主要依托。自习近平总书记提出建设"新型主流媒体"概念以来,我国学界已对新型主流媒体从概念、特征与实现路径等多个方面展开了充分的解读,从新闻内容生产、平台融合角度解释新型主流媒体的融合改造路径,从"四全""三力"解读新型主流媒体的具体目标;各级媒体充分响应,认真贯彻落实习近平总

---

① 秦志希,郭小平.论"风险社会"危机的跨文化传播[J].国际新闻界,2006(3):16—19+65.
② 孙宜君,葛志宏.论新媒体语境下跨文化传播伦理困境与建构原则[J].现代传播(中国传媒大学学报),2013,35(10):12—17.
③ 于洋,姜飞.国际跨文化传播研究新特征和新趋势[J].国际新闻界,2021,43(1):67—84.
④ Kim M-S, Ebesu Hubbard A. S. Intercultural Communication in the Global Village: How to Understand "The Other"[J]. *Journal of Intercultural Communication Research*. 2007, 36(3):223—235.

书记关于媒体融合发展的重要论述,加快推进媒体融合纵深发展,打造新型传播平台,建设新型主流媒体。

关于平台媒体的研究围绕其内涵、类别等方面展开,学者主要关注其作为基础设施对于社会生活的颠覆、公众话语的改变、数字平台的重构等,并关注其技术路径以及随之带来的用户-代理间的紧张关系。通过比较发现,国内外平台媒体研究存在较大差异,其根本原因首先是"平台"一词在不同社会语境下的不同指向与不同理解,平台既可是传统意义上的"中介",也可超越"中介"成为内容的生产者和提供者。我国平台媒体的最大特点是政治化特征较强,这与我国特殊制度特征与发展阶段直接关联。

利用好平台媒体走中国特色国际传播路线,则成为我国在新媒体时期的主要任务。近年来,美国借助其科学技术与关键基础设施的优势,利用国际平台媒体对世界各国实行网络霸权,对于互联网市场的占领与使用时间较长,加上产品丰富,美国产品一直在国际平台媒体格局中处于绝对的统治地位。事实证明,我国平台媒体国际化实践路径卓有成效,在一定程度上挑战了美国产品统治下不合理的国际传播秩序格局。在2020年全球笼罩在新冠疫情的大背景下,西方很多平台媒体中对于我国的不实言论严重损坏了我国国际形象。有学者已经在尝试运用新的研究方法、概念以及模型,呼唤"去西方化"的、基于本土传播思想的国际传播新理论构建,这对于长期在国际传播中处于被动地位的我国具有重要意义。[1]平台媒体的发展为全球发展提供了缩小差距的两极,近年来我国经

---

[1] 杨枭枭,李本乾.国际平台媒体涉华内容传播机制研究[J].中州学刊,2019(9):162—167.

济快速增长,同时在技术研发方面也有部分走在国际前列,在国际传播方面,习近平总书记指出,要注重塑造我国的国家形象;要加强国际传播能力建设,精心构建对外话语体系,发挥好新兴媒体作用,增强对外话语的创造力、感召力、公信力,讲好中国故事,传播好中国声音,阐释好中国特色。党的二十大报告进一步指出加强国际传播能力建设,全面提升国际传播效能,形成同我国综合国力和国际地位相匹配的国际话语权,深化文明交流互鉴,推动中华文化更好走向世界。中国媒体"走出去"战略特别注重通过中国官方主办的国际媒体来进行对外宣传,尤其是通过新华社、人民日报、中央广播电视总台、中国日报和中国国际新闻社等。利用平台媒体,在官方"走出去"的同时,以平台媒体为辅,将我国的传统文化、娱乐方式也一并推出去,但是在这同时,国内也要做好大方向的把握,传播积极内容,遵守国际信息传播相关规定等。

近年来,我国全力践行"一带一路"的国家级顶层合作倡议,借用"一带一路"这一历史符号共同打造政治互信、经济融合、文化包容的利益共同体、命运共同体和责任共同体。"一带一路"倡议与人类命运共同体已经提出多年,发展也取得了一定成果,从经济合作与认可度较高的国家出发,发展属于自己的国际平台媒体,传播好中国声音,讲好中国故事,有利于我国对外传播中国文化,增强其他国家对我国的认可程度,也有利于打破美国企图利用平台媒体在全球范围内实施网络霸权的目的,有利于公正、合理的国际传播秩序的发展。概言之,我国需要在当下国际传播格局中,充分发挥我国新型主流媒体优势,充分利用平台媒体的构建,打破国际话语权困境,展现我国良好国际形象,不断提升国际话语权,进而推动国际形成人类命运共同体观念,这也将是我们持续不变的目标与追求。

第二章
新型主流媒体国际传播面临的
机遇和挑战

    在党的二十大报告中,习近平总书记对于"增强中华文明传播力影响力"作出重要部署,要求"坚守中华文化立场,提炼展示中华文明的精神标识和文化精髓,加快构建中国话语和中国叙事体系,讲好中国故事、传播好中国声音,展现可信、可爱、可敬的中国形象。加强国际传播能力建设,全面提升国际传播效能,形成同我国综合国力和国际地位相匹配的国际话语权。深化文明交流互鉴,推动中华文化更好走向世界。"[①]当前世界正经历百年未有之大变局,地缘政治思潮回归,全球影响力争夺战升级,新型主流媒体作为建构国家形象的议程设置主体,对于增强中华文明的传播力和影响力具有重要价值与意义。新型主流媒体经过十余年的"十互联网"媒体融合改革创新,其国际传播引领力、传播力和影响力还有待全面提升。

[①] 习近平.高举中国特色社会主义伟大旗帜 为全面建设社会主义现代化国家而团结奋斗——在中国共产党第二十次全国代表大会上的报告[EB/OL].2022-10-25. http://jhsjk. people.cn/article/32551583.

第一节　打造国际一流新型主流媒体取得的成效

新型主流媒体发挥压舱石主导作用。新型主流媒体发挥重大时政报道主力军作用,在重大事件上做到发挥正面舆论引导的压舱石角色,同时能够大力增强海外投送能力,让中国声音传得更远。以对党的二十大报道的国际传播为例,2022 年,中央广播电视总台主动向全球媒体发布党的二十大开幕会等输送直播信号和大量新闻素材,在全球 133 个国家和地区的 1 818 家电视台及其新媒体平台转播总台报道达 4.2 万次,总时长超 450 小时,刷新多项对外传播纪录;在语言覆盖面上,从已有 44 个语种扩展到 68 个,进一步扩大大会报道全球覆盖面。在脸书、油管、推特、TikTok、Reddit 等主要海外社交平台总阅览量超 4.64 亿次,互动量超1 353 万。在传播新格局创新上,尝试首次与东非地区发行量最大的英文报纸《民族报》合作推出中非合作整版专栏,首次与巴基斯坦主流英文报纸《国民报》合作推出党的二十大专版,首次将党的二十大报道推送到阿尔巴尼亚国家广播电视台 RTSH 等 10 家当地主流媒体。①党的二十大闭幕一周内,中央广播电视总台相关报道在自有平台跨媒体总触达 252.01 亿人次,创造了"最广覆盖范围、最大触达规模、最多转播转载、最热互动话

① CMG 观察微信公众号.覆盖全球所有国家和地区! 252 亿人次! 总台党的二十大报道刷新多项传播纪录[EB/OL]. 2022-10-27. https://mp.weixin.qq.com/s?__biz=MjM5MTEx-MTMwOQ==&mid=2705845258&idx=1&sn=905de4988c4f2a3dd72c4cf3a1d4bf70&chksm=8209cde8b7e44fec4f4fecf94e1b8d8d5b76cbd8ecc5efdd8f92092cae2e89c90c77eaea489&.

题"的最佳传播效果。①此外,冬奥会作为全球最重要的体育赛事之一,受到国际主流媒体高度重视,2022 年北京冬奥会的报道广泛应用了 5G 技术和 8K 高清技术,结合 AR/VR 设备,通过高清视频、短视频等为国外观众带来了随时随地的、全新视角的观赛体验和全新的沉浸式感受,全面提升了赛事转播效果,向世界展现了冬奥赛事的魅力,也是向海外受众展示中国形象、中国风范的极具成效的尝试。

积极开展舆论引导争夺国际话语权。新型主流媒体能够不断完善全球报道网络,抢首发、敢亮剑、争独家,全力争夺全球重大突发事件报道的"第一定义权",提高重大涉华报道和重大国际新闻的首发率、自采率、到达率,积极抢占国际重大新闻的话语权和定义权。②中央广播电视总台国际评论栏目《国际锐评》多次及时回击西方有关新冠疫情的不实言论,及时消除错误舆论的负面影响,大量展示医务工作者和志愿服务者等普通中国百姓的抗疫事迹来反击西方对我国抗疫努力的否定,展示中国积极参与国际合作的事实。中央广播电视总台已成功运营 60 余个多语种"国际网红"工作室,其个人及品牌栏目在海外平台吸引了大量粉丝,在复杂的国际舆论斗争中展现出强大的力量。③再如新华社"全球连线"融媒栏目集纳了权威解读、独家现场、记者直击、专家访谈等传播元素。

主流报道打造国际多平台传播矩阵。近年来,我国新型主流媒体积极布局海外传播矩阵。《人民日报》、新华社等都积极打造新型传播平台

①② 慎海雄.打造具有强大引领力、传播力、影响力的国际一流新型主流媒体[J].思想政治工作研究,2023(5):20—22.

③ 冯莉,丁柏铨.提升国际舆论引导和国际舆论斗争效能研究[J].新闻爱好者,2023(2):4—9.

推动中国故事和中国声音的对外传播,《人民日报·海外版》现有合作伙伴的 35 个媒体平台,形成"一马当先＋万马奔腾"的"二次传播"格局。即把《人民日报·海外版》重点文章在美西方主要国家的海外华媒合作媒体上登头版头条首页,然后分时段、分批次在其他各国的海外华媒合作媒体上推出一批铺天盖地的"小稿件",扩大二次传播。①新华社已经在全球 140 多个国家和地区建立了 180 余个驻外分社,在采集网络、发稿数量、用户规模等方面取得长足发展。2015 年,中国国际电视总公司在印度尼西亚推出中国电视节目频道 Hi-Indo!,2016 年,英国 Sky 电视网 Show-case 频道开办中国电视节目时段 China Hour,②同年中国国际电视台(CGTN)开播,下设欧洲、美洲、非洲三个分台以及英语、西班牙语、法语、阿拉伯语、俄语、纪录片六个频道,入驻脸书、推特、油管、照片墙等西方主流社交媒体平台,③构建起国际传播多平台融媒体传播矩阵。而在 2023 年,国际传播领域再添新气象,7 月 12 日下午在 2023 中国新媒体大会国际传播论坛上,中华全国新闻工作者协会新媒体专业委员会联合全国 21 家国际传播机构代表,共同携手发布新时代国际传播《马栏山倡议》。这 21 家国家传播中心也频频出圈,如重庆国际传播中心(i Chongqing)目前已有 1 300 万海外总用户量的海外网络传播矩阵,脸书粉丝 548 万,推特粉丝 19 万,海外网络曝光量超过 26 亿,互动量突破 3.69 亿的数据成绩。除了与 China Daily 建立了日常供稿机制,与中央广播电视总台重庆总站、CGTN 西南站合作重点外宣视频制作,与新华社海外分社、中国外文

①　卫庶.下大力气加强国际传播能力建设——就人民日报海外版融媒矩阵报道新气象探析[J].中国报业,2021(17):18—22.
②　王沛楠.视频转向与国际传播理念创新[J].电视研究,2019(7):28—31.
③　ABOUT US-China Global Television Network[EB/OL]. https://www.cgtn.com/about-us.

局都建立了常态的合作;与美国 CNBC、韩国中央日报合作举办亚洲企业大会;与各大使领馆、高校、区县建立互通互关的友好互动关系。接下来,重庆国际传播中心将重点建设自己的海外终端平台——BRIDGING NEWS 客户端,一个"西部国际传播中心"。

第二节　全球影响力争夺面临的美西方舆论压力

从外部环境来看,国际舆论环境恶化使中国面临新的挑战,全球影响力争夺战升级。[1]尤其是新冠肺炎疫情暴发后,欧美国家对中国发起前所未有的"舆论战",已将中国明确视为"战略竞争对手"的美国则充当了本轮国际"舆论战"的领头羊。此外,英国、澳大利亚和加拿大等国的个别媒体也"随美起舞"。面对这一态势,有学者认为:西方国家此次对华舆论战的规模和投入力量之大是三十年来首见。

第一,经济层面。外媒大多将中国塑造成"经济大国"的形象,但其中存在报道重点和立场的差别,关注点也因各国立场不同存在差异。美国主流媒体大多重点关注"中美贸易摩擦"相关事件,存在大量的歪曲报道和打压,往往将中国塑造成"不公平贸易者"竞争对手,[2]甚至渲染"中国威胁论";[3]韩国、日本时常从自身角度报道与中国的"经济摩擦",但同时

① 王存刚.大国博弈的新动向与新变量[J].人民论坛,2020(22):25—27.
② 王莉丽,张文骁.美国媒体报道与中国形象建构——以《华尔街日报》为例[J].现代国际关系,2021(8):18—24.
③ 粟锋.美国对中国 5G 事业的舆论建构及其应对——以《华盛顿邮报》涉华 5G 报道为例[J].领导科学,2020(6):122—124.

也从正面肯定中国的经济大国形象。① 以泰国、越南为代表的东南亚发展
中国家主流媒体多聚焦中国扶贫报道，从多方面赞扬了中国的扶贫成果，
相比西方国家较少存在偏见。② 从英国、法国、德国为代表的欧洲国家对
中国"一带一路"倡议报道来看，虽然三个国家从自身利益出发存在不同
看法，但都对中国经济发展以及中国可能对世界经济体系的影响表现出
负面的担忧。③ 马来西亚、土耳其、哈萨克斯坦、俄罗斯对中国的经济报道
以客观和正面为主，但俄罗斯主流媒体同时也表现出对中国经济可能造
成的威胁的担忧。④

　　第二，政治层面。外媒对中国的形象塑造存在分歧，以英美为代表的
西方国家起到较强的负面导向作用。美国主流媒体针对近年疫情事件和
中美贸易事件进行报道，其中内容对武汉市政府及中国政府形象进行了
大量负面呈现和抹黑，⑤ 英国主流媒体在对新冠疫情的报道中，也常表达
出对中国政府不信任的态度和负面倾向，⑥ 英美两国还将中国企业和经
济活动中存在的问题归结于"政府失职"，⑦ 在法国主流媒体有关中国国
庆 70 周年的报道中，大量使用了意识形态和国内危机的报道框架，并将

---

① 尹悦.《朝鲜日报》和《韩民族日报》对中国国家形象的建构——基于 2016—2019 年涉华报道
　　的话语分析[J].延边大学学报(社会科学版),2020, 53(3):20—28+139—140.
② 易文,肖晓玥.如何对东南亚发展中国家讲好中国扶贫故事——基于泰国、越南、老挝主流媒
　　体对中国扶贫的报道分析[J].对外传播,2021(4):22—25.
③ 张莉,史安斌."一带一路"倡议背景下欧洲媒体涉华策略性叙事的比较研究[J].中国出版,
　　2021(5):14—20.
④ 吴君静.华文报纸中的中国国家形象构建——以马来西亚《南洋商报》为例[J].中国编辑,
　　2020(4):109—114.
⑤ 冯婷婷,王峰.美国主流媒体对中国新冠肺炎疫情的报道分析——以《华尔街日报》为例[J].
　　青年记者,2020(29):102—103.
⑥ 梁虹.疫情期间 BBC 等英国媒体对中国的报道分析[J].中国广播电视学刊,2020(8):19—23.
⑦ 刘晖,潘霁.英美主流媒体报道中的"中国制造"[J].吉林大学社会科学学报,2021, 61(4):
　　176—239.

中国经济、技术各方面的成就与政治挂钩,使得报道中存在大量认知偏差与偏见。①韩国主流媒体对于中国政治领域报道多集中于习近平主席出席活动及中国出台的政治措施,以正面和客观的中性的报道为主。②阿根廷主流媒体在围绕"中共十九大"报道中,则以客观、积极的陈述为主,构建正面的国家形象。③巴西的主流媒体在关于习近平治国理政新思想报道中,以中立客观的立场为主,同时展现出对中国快速发展的担忧与防范,以及在某些冲突话题上的不认同。④沙特主流媒体关于"一带一路"等人类命运共同体理念的相关报道也是以中立、客观为主,在疫情相关报道上则会有援引自西方的负面报道。⑤在关于中印领导人第二次非正式会晤专题报道中,印度主流媒体多采用正面报道,而英美媒体则出现较多的负面报道。⑥

第三,文化层面。外媒对中国的关注呈现多样化的视角。在对"孔子学院"这一中国文化形象代表的报道中,美国将孔子学院描述为中国政府意图实现扩张的政治机构,大肆歪曲中国文化形象;然而英国主流媒体则对孔子学院作为国际文化传播机构的合理性予以认可,构建了孔子学院

---

① 陈静,姚瑞雪.法国主流媒体国庆 70 周年报道中的中国形象——以《费加罗报》和《世界报》网络版相关报道为例[J].科技传播,2021, 13(6):65—69.
② 张小雪,范淑杰.韩国 SBS 电视台涉华报道中的中国形象探析[J].视听,2019(7):197—198.
③ 曹韦,赵媛媛.阿根廷主流媒体中的中国形象:基于对"中共十九大"报道的批评话语分析[J].西安外国语大学学报,2019, 27(3):37—42.
④ 余婧.巴西主流媒体关于习近平治国理政新思想报道分析——以《圣保罗州报》《圣保罗页报》和《环球报》为例[J].对外传播,2019(11):31—34.
⑤ 刘欣路,范帅帅.沙特《利雅得报》关于人类命运共同体理念的报道研究[J].对外传播,2020(10):43—47.
⑥ 陈晓娇.印度主流媒体对中印关系发展事件节点的报道分析——以中印领导人第二次非正式会晤专题报道为例[J].对外传播,2020(10):48—51.

的正面形象。①此外,英国 BBC 近年推出了《中国春节》《丝绸之路》《杜甫:中国最伟大的诗人》等多部展现中国社会与文化的纪录片,在国内外获得不俗反响。②韩国对中国文化的关注则多聚焦于"文化产业",其立场会随着韩国在中国文化产业市场的发展情况变化。法国主流媒体也持与美国相似的观点,将中国的文化形象看作政治宣传的工具并予以负面评价。

第四,社会民生层面。由于西方国家长期的负面报道,大量外媒对中国社会民生问题持负面观点。在美国主流媒体《华盛顿邮报》1991—2018 年间对华报道中,对中国国际形象有很多不实报道。在涉疆报道中,英国 BBC 也制造了"骇人听闻"的新闻。在加拿大主流媒体报道中,明显受美国主流媒体影响较大,在涉华内容构建上热衷民主、人权、宗教等话题,对中国的社会进步和贡献则鲜少提及。③在土耳其主流媒体的报道中,对社会类报道偏向社会事件,有一定负面倾向,同时也会有覆盖教育、旅游等多领域的生活文化类报道。俄罗斯对华报道中,也将中国塑造成一个仍有很多突出问题的国家,认为中国有许多亟待解决的社会民生问题。

作为当今世界头号强国,美国一度拥有世界上其他大国无法比拟的全球影响力,美国也借此顾盼自雄。但是,美国布鲁金斯学会中国战略计

---

① 焦俊峰,刘美兰.英美媒体对孔子学院文化形象构建研究——基于《卫报》与《纽约时报》相关报道的批评话语分析[J].天津外国语大学学报,2019(7):13—23+158.

② 蒋晶.民俗纪录片的传播效应分析——以 BBC 纪录片《中国春节》为例[J].出版广角,2018(4):70—72.刘晓.中国诗人故事的"他者"讲述——解读 BBC 纪录片《杜甫:中国最伟大的诗人》[J].中国电视,2020(10):98—102.

③ 徐扬.加拿大广播公司对中国形象的建构——以 2018 年涉华报道为例[J].国际传播,2019(2):59—70.

划主任杜如松(Rush Doshi)就表示:"重大国际危机期间,非同寻常的中国领导作用取代美国领导作用,这可能是几十年来头一遭。"美国国际战略研究所副所长科里·舍克(Kori Schake)也认为,由于美国政府的狭隘自私与无能行为,美国将不再被视为国际领导者。中国的发展成就尤其是在此次抗疫过程中的优异表现,也得到了国际社会普遍肯定,全球影响力进一步提升。

第三节　平台媒体带来的国际传播机遇与挑战

平台媒体时代美西方媒体依旧掌握内容主导权。平台媒体催生了更多的传播主体,但是内容信息的生产仍属于稀缺能力。在平台媒体时代,美西方媒体依然借助其内容生产优势实现"赢者通吃",如美联社、路透社、CNN、BBC等依然掌握着国际事件的解释权,成为信源被大量的国际媒体引用,从而使得高度同质化的"刷屏"现象,媒体内容生产的传统优势得以放大。此外,虽然在平台媒体时代,信息分发权从媒体机构转移至海量用户,客观上削弱了西方国家媒体的传统优势,但是现实是跨国互联网平台所有权集中于美国。如有学者在2018年观察180个国家和地区的平台媒体网站使用情况:有151个国家和地区的平台媒体网站排名前3的产品均为美国产品,2019年有110个国家和地区,2020年仍有99个国家和地区的平台媒体网站排名前3的产品均为美国产品。从各个国家和地区所使用的平台媒体产品来看,美国的平台媒体产品诸如油管、脸书、维基、照片墙、推特、Blogspot等依然占据了绝大部分国际市场。①再如根据统计，活跃用户达到 10 亿以上的五个平台媒体有四个所有权都属于美国公司，这些平台分别是脸书、油管、WhatsApp 和照片墙。这些平台通过把控流量进而控制内容的传播，例如，有学者以油管的内容 ID 为例，探讨了油管如何通过阻止某些内容获得流量和促进其他内容的流量展现来行使流量把关权。可以说，跨国平台所有权集中于美国，造成了新媒体时代国际传播媒介的新垄断。总之，其他国家的平台媒体产品无论是使用广度还是国际化程度，还是远不及美国产品，美国垄断式的全球覆盖已经影响国际传播秩序的公正合理。

中国国际传播媒体遭遇海外社交平台的双重标准。国际传播需要广泛且相对直接地接触海外受众，而社交媒体具有大规模的普及率和使用率。2022 年，全球社交媒体用户已经超过 46.2 亿人，相当于全球总人口的 58.4%。其中，脸书的月活跃用户已达 29.12 亿，约占全球人口的 36.8%。②但与此同时，推特等西方社交媒体平台频繁通过封号、给媒体"打标"等方式限制我国官方媒体的国际传播，比如 2020 年 6 月，推特公司就关闭超过 17 万个所谓"与中国政府有关"的账号。③当然，俄罗斯也有类似遭遇，2022 年 2 月起，推特、脸书、谷歌等公司对被标记为俄罗斯官方的账号进行封号或禁言。

短视频的崛起提供了新的国际传播赛道与机遇。年轻一代互联网用户日益钟情于更注重可视化效果的社交平台。根据美国皮尤研究中心的

①　田赞.社交媒体格局变迁下的国际传播秩序研究[D].硕士学位论文,西北大学,2021.
②　许向东,林秋彤.社交媒体平台中的共情传播:提升国际传播效能的新路径[J].对外传播, 2023(2):13—16.
③　张志安,杨洋.互联网平台对国际舆论博弈的影响:机制与趋势[J].新闻与写作,2023(2): 25—34.

一项调查显示,Snapchat 和油管是美国青少年(13—19 岁)最经常使用的社交平台。具体而言,85%的受访者使用油管,72%的受访者使用照片墙。油管、照片墙和 Snapchat 都是以视频等可视化信息为核心内容的社交平台。①短视频由于其承载内容广泛、方式灵活多样、传播直观生动、速度快,成为极受欢迎且普遍的视觉呈现方式,更符合网络受众的接受习惯,如今在促进国际传播方面具有不可替代的优势。如中国国际电视台(CGTN)曾利用短视频建构国家领导人的形象,推出短视频《习近平亲民外交六个瞬间》,用六个代表性瞬间展现中国领导人平易近人、诚恳真挚的人格魅力,拉近了中外民众的"心距离"。同时,自拍自述、记录性的 Vlog 也越来越成为传播中国故事的一种短视频形式。②此外,网络直播以高时效和强交互的特点也为国际共情传播打开了新的突破口。央视网打造的全球唯一 24 小时直播大熊猫的新媒体平台——iPanda 熊猫频道,它以慢直播的形式向全球网民展现大熊猫日常生活状态,赢得海外众多粉丝。③此外,我国互联网高科技企业快手同时也是全球短视频和直播社交媒体领域的先行者和领军者。目前,快手海外产品覆盖拉美、东南亚、南亚、中东等区域的三十多个国家和地区,全球下载超过 3 亿,月活跃用户超过 2 亿。2022 年夏,巴基斯坦遭遇严重水灾,快手邀请巴基斯坦驻华大使在快手小店进行直播,推销巴基斯坦优质芒果,帮助巴基斯坦农民增加收入,充分展现了中国和中国企业的良好国际形象。

---

① 王沛楠.视频转向与国际传播理念创新[J].电视研究,2019(7):28—31.
②③ 李彪,王梦丹.联通"自我"与"他者":国际传播中的共情转向及创新策略[J].对外传播,2023(6):21—25.

第四节　地方传播主体格局优化提升国际传播效能

地方媒体参与国际传播已被提升至战略层面。在过去,除大型主流媒体担任的"媒体国家队"之外,其他部门参与的国际传播的意愿较低。但"媒体国家队"又受到其自身属性等方面限制,存在受众类型单一、覆盖面低等显著问题。如今,传统的媒体中心主义的桎梏已逐渐被打破。中央明确提出要建构多层次、多主体参与的、立体的国际传播格局,地方传播主体被赋予更大的责任,需要改变辅助型角色,在推进我国对外传播的效能方面发挥更大、更积极的作用。①相较于中央媒体,地方媒体存在对于地方文化的开掘更加深入、题材类型创作更加多样化和亲和化的优势。近年柳州螺蛳粉、②泉州国际木偶节、四川三星堆文化③等具有优秀地方特色的案例在国内外的传播中都有不俗的"出圈"表现,如四川国际传播中心(SICC)打的"大熊猫牌":SICC×大熊猫,"Call Your Panda"全球联动活动,先后联动美国亚特兰大、西班牙马德里、法国博瓦尔、德国柏林等十余家海外动物园、10 名全球大熊猫文化推广大使,吸引百万海外网友参与,全网传播破 8 000 万,证明该类切口小也更加软化的议题更有利于中华文化与城市形象的吸引与传播。

---

① 黄典林,张毓强.国际传播的地方实践:现状、趋势与创新路径[J].对外传播,2021(9):67—71.

② 李斌,肖潇.地方饮食文化"现象级"国际传播效果的策略解析——以柳州螺蛳粉为例[J].对外传播,2021(9):35—39.

③ 钟莉,张嘉伟.文明的语言:Z 世代国际传播的符号之旅——以三星堆国际传播平台为例[J].新闻界,2022(12):91—96.

　　"周边传播"则是地方媒体的另一大优势，比如新疆、①广西②等地媒体部门就多次发挥其自身地缘优势，与老挝、越南邻近国家合作进行纪录片题材的内容创作，如广西按照国际标准建设的中国-东盟译制中心拥有国际标准全景声译配录音棚，在老挝、缅甸搭建了译制工作站，在东盟许多国家电视台开设有《中国剧场》《中国动漫》等栏目。该中心向东盟国家的观众输出过《琅琊榜》《山海情》《红楼梦》等热播电视剧和《假如国宝会说话》《你所不知道的中国》等纪录片超过1000集，在业界屡获大奖。

　　上海在国际传播实践中体现出巨大潜能。首先，上海是外媒关注度最高的中国城市之一。纵观近十年来外媒对上海的关注，"new"是使用频率最高的单词，由此可见外媒对上海的关注倾向于新的变化，上海的城市变化、科技创新发展都是外媒眼中的关键词。③在以《纽约时报》和《泰晤士报》为代表的西方主流媒体报道中，从2010—2017年，上海受到的关注度不断上升，相关报道围绕国际关系、全球经济与金融局势、突然危机事件、国际大型赛事活动等背景展开，具有明显的话题性和事件性。报道主题聚焦上海的"商业"与"文化"，构建出上海"经济潜力与风险挑战并存的外商投资目的地"的商业形象、"动荡考验中迅速崛起的国际金融中心"的金融形象、"现代开放奢华的国际文化大都市"的文化形象以及"安全隐患与社会矛盾交织显现的民生样态"的社会形象。④上海作为中国国际化

---

① 刘福利.文化接近性视角下新疆的对外传播与传播共同体的构建[J].青年记者,2023(12):80—82.

② 江宇,付玉敏.周边传播视阈下广西边境县市壮语视频节目的问题及优化[J].中国广播电视学刊,2019(12):7—10.

③ 沈斌,王荣,刘亚奇.基于海外媒体报道的上海城市形象国际传播研究[J].国际传播,2019(4):23—28.

④ 付翔,徐剑.《纽约时报》和《泰晤士报》中的上海形象研究(2010—2017)[J].新闻界,2020(2):80—87.

水平和开放水平最高的社会主义现代化国际大都市,外籍居住人士及驻沪外媒数量庞大、文化交流活动频繁,拥有国际传播的资源、人才等方面的优势,已在目前的国际传播实践中体现出巨大的潜能。

其次,上海在国际传播方面也有着排头兵的模范探索。总的来说可以概括为:一是深化同海外机构合作,展现主流媒体国际形象;二是组织策划国际传播项目,多次成功举办广电视听节目海外线下展播;三是积极展开同国外合作拍摄,推动民间来往交流;四是提升新媒体影响力,在海外社交平台形成颇具规模的新媒体传播矩阵。2022 年,上海广播电视台旗下 ShanghaiEye 针对"魔都战疫""中国制造"等重点议题主动发声,在脸书、推特和油管等发布视频及图文 2.48 万条,海外总覆盖量 6.2 亿,海外总观看时长 198.3 万小时。同时,上海广播电视台建立与美联社的商业合作分发机制,有效拓宽传播渠道,全年共计主动传送新闻内容和直播连线 522 条,获得全球 80 多个国家及地区的 120 多家媒体下载使用。再如,第一财经旗下一财全球已构建了系统的新媒体传播矩阵,传播渠道主要包括:自有网站、App,彭博社、道琼斯、日经新闻等专业媒体渠道,谷歌新闻、苹果新闻等新闻聚合平台以及脸书、推特和油管等海外社交媒体。2022 年一财全球海外覆盖量达到 55 亿,相比 2021 年全年 44.4 亿提升 23.87%。此外,上海更是实现中国原创节目模式输出"零突破"。2022 年 6 月,联手西班牙 GANGA PRODUCTION 与西班牙国家电视台 RTVE 达成东方卫视《我们的歌》节目模式落地事宜。9 月 30 日,《我们的歌》西班牙语版《不可思议的二重唱》在 RTVE 正式播出。首期节目收视份额 12.7%,位列西班牙全国同时段第一,节目在油管平台播放量超过 6 000 万。

商业平台丰富的内容也完善了上海国际传播维度。上海作为中国商业、文化的沃土,也滋养了在国际传播中发挥重要作用的互联网商业平台,如 B 站、喜马拉雅、小红书等,它们向世界讲述中国故事,传播中国精神,向世界展示真实立体全面、可信可爱可敬的中国。如根据 2022 年的统计,喜马拉雅平台上有超过 1 350 万内容创作者,海外华人主播正是其中快速崛起的新生力量。他们遍布法国、英国、德国、瑞典、日本、韩国、新加坡、马来西亚、美国、加拿大、澳大利亚、巴西等地;他们来自各行各业,有金融白领、建筑设计师、留学生、全职妈妈、新闻记者、医学博士、诗人、冰球教练等。他们用声音记录异乡生活,向世界展现中华文化,也在中文播客里治愈乡愁。B 站作为中国年轻世代高度聚集的综合性视频社区,目前月活用户达到 2.37 亿,其中 35 岁及以下用户占比高达 86%。B 站上充满活力的中外 UP 主们主动与世界对话,以个性化、专业化的大量优质视频化创作,全面展现真实中国,展示了中国年轻一代的创造力与文化自信。2021 年 7 月,B 站 24 位 UP 主参与了"一个都不能少——长卷寻宝"主题活动,展示了十八大以来,在习近平总书记领导下,中国人民在脱贫攻坚这场伟大战役中所取得的伟大成就。针对这个宏大的主题,B 站 UP 主通过动画、视频、小游戏等深受年轻人喜欢的方式讲述中国故事,登录 60 多家海内外网站,吸引了超过 1.6 亿人次的浏览和关注,实现中国故事"破圈"传播。

第三章
上海新型主流媒体国际传播
机制研究

第一节　上海广播电视台：
内容供给与国际传播对接机制

上海广播电视台（以下称：SMG）作为产业规模最大的新型主流媒体之一，近年来着力于内容供给创新，在网络传播领域积极布局海外社交媒体平台，持续加强传播声量，开辟外语频道传播中国声音，不断革新内容形态，成立纪录片频道并打造系列精品纪录片。2008年1月1日，SMG旗下的上海外语频道亮相（简称 ICS），外语频道携手全球金牌电视制作团队，制作国际水准的高质量节目，为城市高端人群、英语使用者和国际居民等受众群提供新闻、财经、生活、时尚、文化和娱乐视听服务等全方位的信息，从而成为展现中国及上海经济文化社会健康繁荣发展的精彩舞台和促进中西方文化互动的窗口。2020年1月1日，SMG拓宽视野，建立了上海广播电视台纪实人文频道，大力推广纪录片为主叙述方式，通过多元领域、多元视角展现大美中国,带领观众走进更加立体生动的中国图景,避免了单一、狭窄、枯燥的讲述,也使全世界观众对中国故事更加"听得进、听而信"。SMG 这一举措着意创制国产纪录片播出高地,除了展示更丰富多元的精品内容,更要努力打造吸引国内纪录片创作者的平台。通过这些探索,SMG 不断优化国际传播生态,实现了从内容建设、品牌建设到生态建设的不断跨越。

一、着眼传播效果,打造立体化外宣矩阵

(一)"借船出海",传播中国声音

SMG 根据海外不同社交平台的特点成功构建了强大的媒体传播矩阵,并通过精准的传播策略与受众需求相契合,取得了显著的传播成果。SMG 依托不同的社交平台,如脸书、推特、油管、TikTok、照片墙等进行平台传播,并根据各平台的算法规则、内容特点和推广要求,有效构建媒体矩阵,同时与不同类型受众需求相匹配。举例来说,由于脸书平台社交属性较强,那么关于"高铁体验"等相关报道容易受该平台粉丝青睐;推特平台信息属性较强,SMG 每日新闻资讯更新频次可达 40 条;此外,油管主要以综合性内容为主,SMG 每日更新保持在 8—10 条。

SMG 目前已在脸书、推特等海外社交平台成功入驻了两大新媒体品牌:ShanghaiEye 魔都眼和 ICS 上海外语频道,疫情期间针对"魔都战疫""中国制造"等重点议题积极发声,在脸书、推特和油管发布了 2.13 万条视频及图文内容,海外总覆盖量超过 5.7 亿,海外总观看时长超过 182.7 万小时。此外,SMG 还与美联社建立了商业合作分发机制,有效拓宽传播渠道。2021 年共计主动传送新闻内容和直播连线 522 条,得到了全球

80 多个国家及地区的 120 多家媒体下载使用。

（二）"造船出海"，打造本土品牌

SMG 依托其地域及资源优势，着力打造独特的品牌特色。在履行国际传播使命的同时，努力传递本土文化的声音，展示中国特色吸引国际受众。举例来说，SMG 连续多年参与承办上海电视节，展示其最新制作的电视剧、纪录片、综艺节目、App 创新等内容，并积极参与主办第 26 届上海电视节白玉兰论坛分论坛"影像记录时代——中国纪录片高质量发展研讨"等活动。

此外，SMG 还积极策划并推动尚世五岸与新加坡传媒的合作。作为"沪新全面合作理事会第三次会议"的重要成果之一，尚世五岸新加坡新传媒集团（Mediacorp）旗下的新媒体平台 meWatch 与 SMG 合作建立了"视听上海"SMG 专区，辐射全东南亚地区。该专区已上线 280 小时的精彩中文内容展播展映，最高月观看量达 40 万人次，2021 年全年总观看量突破百万，初步建立了专区品牌。尚世五岸作为从事海内外版权内容综合代理和版权运营的机构，连续八届 16 年获得国家五部委颁布的"国家文化出口重点企业"，并被《纽约时报》和《金融时报》评为"中国媒体进入国际市场的窗口公司"。

（三）"合作共建"，提升传播声量

SMG 在不断打造自身媒体矩阵的同时，积极向外拓展，并与各路媒体展开合作，形成内容共通、传播共动的格局。其中，SMG 与央视"国际视通"CCTV＋、欧洲电视联盟 ENEX 以及中国国际电视台 CGTN 建立了合作关系。仅在 2021 年，SMG 便向这三大平台传送了 1 435 条原创报道。

除此之外,SMG 还加强了文旅与广电融合,用以传播中国声音。通过积极开拓思路和创新文旅＋广电融合方式,SMG 在巴黎中国文化中心成功举办了"视听中国 走进欧洲"展播活动及线下观影会。自 2022 年11 月 8 日起,SMG 还通过欧洲卫视等重要海外媒体平台,在法国、德国、英国、比利时、匈牙利等 5 个欧洲国家举办为期一个月的节目展播。该展播覆盖了涵盖纪录片、电视剧、综艺等 20 余部近 400 集、共计 150 小时的中国视听佳作。这些合作与活动为 SMG 在国际传播领域树立了良好的形象,也为中国文化的传播和推广做出了积极贡献。同时,这些国际合作与展播活动也为 SMG 吸引了更多国际受众,提升了国际影响力。

(四) 构建"朋友圈",提升传播效果

SMG 积极拓展与外方驻沪领事馆、外企高官等的合作关系,构建了一个扩大宣传影响的"朋友圈"。如 SMG 先后策划并推出了《特别对话会——外交官的感言》系列报道和《CPC 小百科》系列短视频,通过这些内容在"朋友圈"中扩大了宣传的影响力。SMG 还积极推动上海媒体交流成果纳入国家级外交活动。此外,通过参加第五届中非媒体合作论坛,SMG 成功推动上海五岸传播公司与毛里求斯国家电视台合作播出两部电视剧作为合作成果在论坛闭幕式上发布,并纳入中非媒体合作十年成果展,在论坛开幕当天进行展出。

另外,SMG 还积极拓展与优秀企业的合作关系,在与 Discovery 探索集团的合作中,共同推出了《行进中的中国》第二季。该节目通过英国导演罗飞深入现场的观察和采访,讲述中国在发展过程中政府、人民、企业和社会各界如何应对各种挑战和考验,打造中国与世界对话的新模式。该片被纳入国家广电总局"十四五"纪录片重点选题,并得到上海市文化

发展基金的支持。中文版节目于 2022 年 8 月 16 日起在东方卫视"新纪实"时段播出,而英文版于 9 月 11 日登录 Discovery 平台,并在众多主要国家和地区进行重播,其重播收视率超过节目播出前四周时段平均收视率的 103.75％。通过这些合作与活动,SMG 不仅在国际传播领域拓展了影响力,还展示了上海媒体的创新能力和国际合作的成果。同时,这些合作还有助于加强中国与其他国家之间的交流与了解,推动了中国文化的传播和理解。

二、立足上海本土,打造纪录片品牌

(一) 紧跟时事热点,做好纪录片"出海"

SMG 一直致力于纪录片的创作和对外推广工作,并在党和国家的重大纪念日、会议以及其他重要事件中,第一时间推出相关纪录片,起到了良好的宣传和科普作用。同时,这些纪录片也在海外各大平台播出,拓展了国际传播的影响力。

为了进一步提升纪录片制作水平,SMG 于 2019 年 4 月正式成立了纪录片中心,并采用项目制为核心的工作室制度,激励了一支具备实力的纪录片制作团队。2020 年 8 月,《亚太战争审判》纪录片紧跟电影《八佰》的热潮,在东方卫视、纪实人文、外语频道和 BesTV＋App 等平台推出,并获得了美国泰利奖评选的电视系列片历史类金奖。在抗疫期间,SMG 多次推出高分纪录片并与国外电视台联合播出,例如与 A＋E Networks 联合制作的《人间世·抗疫特别节目》国际版《Life Matters: Insdie Wuhan's Red Zone》,并在 History channel 首播,覆盖了亚洲 17 个国家和地区。同时,SMG 还与日本朝日电视台、韩国 KBS 等国外媒体积极合作,拓展了海外传播渠道。在纪录片叙事方面,SMG 坚持遵循基本原则,从真实生活的实景出发,从细节中收集真实的影像材料,不过度煽情,而是反映现实、凝聚人心、传递温暖。例如,《中国战"疫"》和《人间世·抗击疫情特别节目》并不回避死亡,但也不单纯呈现痛苦和夸大情绪,而是如实展示、冷静探讨面对突如其来疫情下的医学伦理话题、面对失败的生死观以及人类冲破困境的勇气与决心。《亚太战争审判》也通过专访国际学者和政要,根据海内外最新的研究成果和亲历者及后代的回忆,清晰、理性、多角度地重现真实的历史事件,并且情感充沛、触动人心。

通过不同形式的合作和交流,SMG 积极推动了中国优秀纪录片在国际上的传播和认知。这些纪录片作品不仅回溯了中国的历史和现实,也传递了中国人民在面对重大挑战时的坚韧和勇气,加深了国际社会对中国的了解和认知。

(二) 引入他者视角,与受众产生共鸣

SMG 制作的纪录片大多改变"以我为主"的讲述视角,而是引入外国友人第三者视角的方式,以客观真实的方式反映事实原貌,使受众能够更容易理解和接受内容。2019 年,SMG 播出了纪录片《歌唱中华——外国人唱中国歌》和百集系列节目《百年大党——老外讲故事》,通过两名外籍主持人和 100 名在上海的外国人的视角,讲述了脱贫攻坚和疫情防控的中国故事,并分享了在上海生活和工作的经历,通过他者视角展现了城市建设的进步和中国共产党的丰功伟业。

此外,还有一部分纪录片展现普通人的生活。例如,SMG 在抗疫期间推出了首部由全民合拍的纪录片《温暖的一餐》,通过 SMG 纪录片中心与新浪微博共同发起的"武汉日记"和"真实记录真情守护"双话题征集

影像,真实展现了武汉抗疫期间当地居民的饮食和生活的方方面面。这些作品贴近受众,使受众能够更容易产生共鸣和理解,同时也为中国与国际社会之间的交流起到了积极的促进作用。

(三) 立足上海本土,讲述中国故事

SMG 通过深度挖掘和展示上海特色,成功讲好上海城市发展故事,同时也讲好精彩中国故事。近年来,SMG 打造了多个展现上海风采的"爆款"报道,如《"永远跟党走"黄浦江主题光影秀》《一墙一洞一"熊掌"治愈系咖啡店背后的暖心故事》和《好白相好 Happy 斯蒂文十款非遗初体验》等。这些报道分别从不同侧面展示了上海城市之美和独特魅力。黄浦江主题光影秀在海外平台覆盖超过 160 万人,超过 97% 的留言内容为正面肯定;"熊掌"咖啡的报道被近 30 家海外主流电视台选用,累计播出达 74 次。这些报道的成功展示了上海的城市特色和文化底蕴,同时也吸引了国际受众,为宣传中国的城市形象起到了积极作用。

此外,SMG 服务本地民生,凸显公共属性,通过推出大型融媒新闻节目《民生一网通》为老百姓提供政务服务的介绍和办事指南,同时传达市民的诉求。特别是在疫情防控期间,SMG 发布聚焦上海启动在沪外籍人士新冠疫苗预约接种等消息,并迅速采制播发了多条在沪外籍人士的反响报道,为本地和外地人员提供了实际的信息服务,成为优秀的外宣报道内容。其中,《外籍员工斯蒂文打疫苗体验》短视频在 24 小时内播放破 12 万,发挥了外籍记者的优势,得到广泛好评。这些报道不仅展现了上海在疫情期间的积极措施和实际帮助,也为外国受众了解和认识上海提供了有价值的信息。通过上述努力,SMG 成功地将上海的城市特色和本地民生服务融入外宣内容,讲好了上海故事,同时也传递了中国的价值观和形象。这种在地化的服务为外宣工作增色不少,使得 SMG 在国际传播领域发挥了积极的作用。

(四)引入国际题材,丰富交流对话

SMG 在深耕本土资源的基础上,还不断拓展内容边界,引入国际题材以扩充内容的丰富度。SMG 旗下外语频道 ICS 积极引进以日本为代表的国外优秀作品,并开拓与日本主流媒体的交流与合作。例如,在 2019 年长崎电视周期间,ICS 播出了日本短片《冲吧,平户!鸵鸟村》《驾驾马妈妈》《打铁匠的坚守》等作品。长期以来,ICS 的《中日新视界》节目组坚持通过各种方式与日本主流媒体保持沟通和交流,双方在内容需求和供给上形成了良性循环。

此外,为庆祝香港回归祖国 25 周年,SMG 积极推动沪港电视节目的交流与互换播出工作。在国家广电总局举办的"视听中国·香江故事"展播活动中,SMG 播出了两部凤凰卫视纪录片,并授权凤凰卫视播出了上海电视台制作的《极限挑战宝藏行·绿水青山公益季》等五部作品,从而增进了两个城市广电和媒体之间的深度合作和了解。

三、探索智能新赛道,提升用户体验

(一)布局人工智能,大力投入研讨

在新兴科技日新月异的当下,传媒市场的发展在很大程度上得益于科技力量的支撑,SMG 着力落实国家战略,积极布局人工智能为代表的新一代内容科技,完善新基础建设,为上海实现城市数字化转型的贡献了重要驱动力量。SMG 积极参与新技术的研发工作,主动承办技术各类技术交流论坛、建设新技术实验室,深度助力 AI 技术发展。2018 年 8 月,

SMG 成立科创智能实验室,与 18 家技术合作伙伴单位达成合作关系,并迅速取得成效。为继续积极响应"智慧广电"战略,2019 年 6 月,SMG 以智慧媒体制播应用实验室形式,继续开发新技术产品,加速推进新技术的推广和使用。2021 年 6 月,SMG 参与承办上海电视节电视市场设备展暨白玉兰国际广播影视技术论坛,其间汇集国内优质设备和运营厂商,全面展示 5G、人工智能、4K/8K 高清电视等新技术成果,同时邀请华为、索尼等知名企业分享研究成果和实践案例,并结合行业现状进行分析和讨论。

2021 年 7 月 8 日至 10 日,2021 世界人工智能大会分别在上海、哈尔滨、香港等地进行。SMG 作为主要承办单位之一,从大会筹备、策划到顺利举办全程参与。从创新 AI 超视成像、云观众互动到数据可视化呈现和分析等环节,让来自世界各地的观众获得个性化、游戏化的体验,通过"观察声音"感知"数字之都",向全世界展现了中国科技的新成果。

(二)拥抱新兴技术,革新传播手段

SMG 努力打造全息媒体,实现立体化报道。首先,SMG 积极尝试机器人写作,推动新闻传播业实现变革,转向更细分、更快速、更高质量发展,降低新闻工作者压力,提升其创造力。2015 年起,东方卫视《看东方》、看看新闻(Knews 24)直播流频道尝试将微软"小冰"机器人引入,分别参与气象播报环节和《小冰摇摇吧》节目,探索机器人协作参与新闻生产的可能性,并预先评估和尝试解决算法黑箱等问题,尽可能做到透明化、可控制。①

---

① 方珂.审慎创新:智能化新闻生产的实践与思考——基于 SMG 融媒体中心机器人新闻的研究[J].上海广播电视研究,2020(3):27—33.

此外,SMG 将直播、VR、5G 等大量引入新闻报道,实现融媒体报道,提升新闻的可看性、可读性,让受众多维、多角度、多选择观看新闻内容。如 2016 年首次引入 VR 技术,制作首部 VR&4K 上海城市旅游形象推广 MV《我们的上海》,并邀请影视明星胡歌出演,对上海城市形象起到了良好的宣传推广作用;2020 年进博会,SMG 推出 5G 全媒体大型直播《新时代共享未来》,全新打造虚拟主播"申苏雅"参与直播登陆东方卫视,通过光学动态捕捉、AR 虚拟增强技术等,实现拼接场景、实时采访、报道新闻等尝试;通过第一财经电视频道、阿基米德、看看新闻等平台全程直播 2021 全球人工智能大会,在"ShanghaiEye 魔都眼""YicaiGlobal"等海外社交平台进行全网和全球发放;SMG 四次参与奥运转播,组建 53 人的 SMT(SMGTECH)天鹰转播团队携 4 套高清转播系统参加北京冬奥会拍摄,参与短道速滑、冰壶等 6 个热门项目转播,参与讲述中国冰雪故事。

四、媒体深度融合,创新运营模式

(一) 媒体融合:集成多元行动者资源

媒介近用权的下沉使得主流媒体发展的关注点也随之下沉,在时效和地域滞后于个人传播者时,主流媒体不得不整合媒体资源,实现优化配置,使得有限的资源能够在合理调运中更高效地生产传媒产品。SMG 作为在沪影响力最大的传统主流媒体之一,紧跟媒体融合浪潮,推进媒体改革实践,以应对新旧媒体交替所带来的冲击。2016 年 6 月,SMG 联合东方卫视新闻团队、上海电视台新闻团队、外语中心团队和看看新闻网团队联合组建上海广播电视台融媒体中心。2019 年起,SMG 对东方卫视进行全新改版,同时整合原有资源打造出全新都市频道、少儿频道,完成了频道组织架构以及人事规划的调整,努力打造"上海模式"。2020 年前后,SMG 与东方明珠启动"BesTV＋"流媒体战略,协同打造 5G 时代应用平台。

（二）表彰激励:引入国际全媒体人才

媒体融合的趋势带来媒介组织人员结构的调整,全媒体人才的培养和招聘成为组织人员调整中的重要一环。加之外宣工作面对的文化及语言环境相较传统的媒体运作更为复杂,人员的更新调整及激励不啻成为SMG 运作的核心。SMG 多次召开人才工作会议,对台内表现优异者进行表彰,旨在完善人才引进、人才激励和人才培养等方面形成制度化举措,助力推动全媒体人才建设,为媒体融合转型铺路;SMG 先后组织超过200 名员工赴英、美、韩、澳等国参与培训,为国际传播人才建设奠定良好基础;东方卫视新媒体、第一财经均积极启用年轻管理人员、高层次技术人才;2018 年前后,阿基米德公司依托 SMG 优势,吸引 IBM、埃森哲等 IT 巨头团队人才;SMG 外籍专家则屡次获得白玉兰荣誉奖、纪念奖等。

（三）营销变革:突破传统型创收模式

随着新媒体的发展,传统媒体的营收方式势必会受到一定程度上的冲击,为了保证组织运转及节目质量,SMG 在新冠疫情防控期间积极创新营销模式,应对全国广电机构广告营收大幅下跌的困境。SMG 直面挑战,躬身入局,自 2 月开启的"战'疫'SMG 营销热搜"活动历时 80 天,在台网联动、MCN 探索、资源耦合、云端创新、流量运营等方面,做了大量积极有益的尝试和探索,旗下 19 家参与单位共完成 36 个营销项目,实现创收逾 8 000 万元,带货成交额 6 000 万+。①

第二节　一财全球:粉丝运营与国际传播互动机制

一财全球(Yicai Global)于 2016 年 8 月正式成立,它的出现打破了西方主流财经媒体的垄断,意在打造一个强势的中国财经媒体向世界讲述中国财经故事,阐明故事背后的价值诉求,从而影响全球财经舆论场,并在其中争取到属于中国的国际话语权。成立以来,在中国原生英文财经资讯领域,一财全球一直保持日均发稿量第一,海外合作分发渠道第一和海外社交媒体关注者第一,用户覆盖到了绝大多数英语为母语地区国家,如美国、英国、加拿大、澳大利亚、印度等,以及法国、日本、芬兰、泰国等非英语为母语的国家,成长为具有一定全球影响力的中国财经资讯及数据提供商。目前,一财全球的内容分发渠道已全面覆盖全球几大主要金融资讯和信息提供商,包括彭博、道琼斯、日经新闻等,与经济学人、汤森路透、CNN、CNBC、Yahoo Finance、商业内幕等达成合作,并成功进驻 Apple News、Google News 等海外主流新闻聚合平台。根据第三方数据平台 Meltwater,2021 年一财全球共被境外媒体、智库、博客以及海外社媒意见领袖引用 2.6 万次,日均 75 次。其中,海外媒体(非中文)转载超过 7 400 次,转载媒体包括《华尔街日报》、彭博社、路透社、美国 CNBC、美国全国广播公司(NBC)、俄罗斯塔斯社、日经新闻在内的多家海外权威媒体。

①　SMG 营销创新暨直播带货等网络商业行为调研[J].上海广播电视研究,2020(3):45—50.

一、明确报道对象，打造自有平台

（一）进行受众研究，争夺国际话语权

一财全球将内容聚焦于中国宏观经济、中国金融市场、中国创新创业、中国企业和企业家。与以往国际媒体报道覆盖范围不同的是，一财全球将报道重心放在了中国充满生机的企业以及企业家动态上。在过去的几年中，一财全球的报道覆盖了大量的中国上市企业，创业企业。许多中国企业唯一的英文报道即来自一财全球，这些报道也成为海外用户了解中国企业的唯一新闻来源。对于一财全球的国际受众来说，"获取价值""利益相关"和"满足好奇"，这三点是内容定位的关键要素。着眼于"全球中国"，一财全球通过不断探索能引起国际受众兴趣的英文原生专业财经报道和中国商业故事，来阐明中国故事背后的价值诉求，从而影响全球财经舆论场，并在其中争取到属于中国媒体的国际话语权。一财全球坚持用西方受众习惯的方式、尊重国际传播的规律来运营一财全球，逐渐赢得了西方用户群体的尊重，并成为诸多海外企业家、投资家、媒体从业人员和关注中国市场的海外读者了解中国经济的入口。

（二）发挥垂直优势，讲述中国财经故事

为达成全球性财经报道媒体的目标，一财全球陆续与彭博社、道琼斯Factiva数据库、世界经济论坛（World Economic Forum），日经（Nikkei）等世界级知名机构签署了版权销售与合作协议。一财全球还与海外优势新闻聚合平台进行合作，其中包括 Apple News 和 Google News，内容可通过这两大西方主流的信息平台抵达更广泛的用户群体，成为海外用户通过苹果和谷歌新闻搜索阅读中国财经报道，了解中国企业的少数中国媒体

信源之一。

在内容转载方面,路透社、彭博社、《华尔街日报》、福布斯、CNBC、塔斯社、日经新闻等国际重要媒体均多次引述一财全球的报道。此外,国际科技媒体 Technode,亚洲科创类媒体 DealStreet Asia、新闻平台 Yahoo News 均将一财全球的内容纳入其常规内容。通过这些优质的合作伙伴和分发渠道,一财全球已成为中国最优秀的英文原生内容输出平台之一,充分发挥财经领域的独特垂直优势,将"中国经济故事"辐射到全球财经生态圈。

（三）搭建自有平台,完善财经服务

在新冠疫情冲击全球经济的背景下,中国已成为推动全球经济复苏的主要力量。新的全球经济秩序正在形成,中国迫切需要获得全球话语权。而在财经资讯传播领域,随着经济影响力增长,海外受众对于中国财经数据及资讯需求激增。在这样的背景下,一财全球推出了首个由中国主流财经媒体打造的原创英文证券市场数据库项目。项目依托于一财全球已具有稳定的英文财经资讯生产能力,并借助第一财经技术团队既有资源打造兼具线上、线下,集内容生产、分发于一体、用户交流、互动于一身的平台,为海外投资者提供专业的市场数据、行情分析以及一系列服务,为中国企业提供海外路演及宣传平台。

这一平台将推动中国外宣平台的创新,通过"数据＋资讯"的化学反应,有效提升中国财经新闻的国际影响力,并尝试打破以往海外宣传依赖境外平台的困境,尝试打造自有外宣平台。

目前,一财全球已在网站、App 及社交媒体平台推出科创 50 指数及样本股信息,反映最具市场代表性的中国科创企业整体表现。随着新版块的推出,一财全球网站关于科创企业资讯报道的点击量稳步提升。该业务一经推出就吸引了国际市场参与者的关注，包括道琼斯、日经新闻在内的合作者都对这一新业务表示出合作意愿。同时，一财全球也在与金融机构接洽相关业务合作。为了进一步完善数据业务服务内容以及产品知名度，一财全球计划在"十四五"期间陆续推出包括 MSCI 中国、沪港通、深港通在内的更为完善的数据分析等服务内容。把一财全球打造为聚焦于中国证券市场的专业性、权威性的数据、资讯平台；连接海外投资者与中国企业的沟通平台；中国企业海外宣传平台；中国意见领袖观点传播平台；上海国际金融中心形象展示、政策展示平台。经过几年的不断探索，一财全球深深感受到中国需要有与世界经济信息沟通的桥梁。从事经济报道的媒体无疑是最好的信息桥梁，真实、客观、权威的经济信息，将成为国际沟通的良性推动力。一财全球以财经为立足点，找到"中国叙事"与海外受众的共通点、共鸣点、共振点，实现"中国话语"为世界所知、所言、所认同、所传播。

二、专注财经报道，高质量粉丝积极互动

（一）粉丝覆盖广，拥有"豪华朋友圈"

一财全球从 2016 年开设海外社交媒体账号以来，在推特、脸书、油管、LinkedIn、照片墙等平台拥有超过 300 万的粉丝，受众覆盖美国、英国、德国、印度、东南亚、中东、南美等全球主要国家和地区。同时根据综合各平台的数据，一财全球的受众主要呈现明显的财经媒体特征，以 25—65 岁的高收入男性为主，男性占比超过 80％。根据第三方平台 MeltWater 的数据，一财全球的用户具有明显的"决策者"属性。其中，企业家及企业创始人占比 14.8％，高级管理人员占比 11.2％，投资人及交易

员占比 24.5%,媒体从业人员占比 36.2%。高质量粉丝的积极互动对于账号流量和影响力的提升非常明显,一财全球的海外社媒账号拥有包括财经界、政界、媒体界、娱乐界等知名大 V 在内的"豪华朋友圈",粉丝中包括了一批超过百万关注的大号,例如知名机构鲍尔森基金会、亚洲开发银行、三大评级机构之一穆迪公司,世界知名智库彼得森经济研究所等;政经界名流如美国白宫前发言人约翰·柯比(John Kirby)、世界卫生组织总干事谭德塞、塞尔维亚总统亚历山大·武契奇、纳斯达克亚太区主席罗伯特·麦柯弈(Robert McCooey)等。

(二)形成专业渠道,透视中国经济

与此同时,近 300 名国际媒体从业者正在通过关注一财全球的社交媒体账号了解中国经济和城市发展的最新动态,他们会在社交媒体上对这些新闻选题进行探讨以及发表自己的观点,或者在采写新闻时引用一财全球的报道和观点。此外,一财全球的报道也为中国驻外使领馆、外交官以及中国企业提供了大量宣传素材。中国驻法大使馆、中国驻巴西大使馆、中国驻大阪总领事馆、中国常驻联合国代表团等众多驻外使团及诸多外交官,包括很多中国企业官方账号都是一财全球账号的粉丝,并在社交媒体平台与一财全球进行频繁互动。如今,很多出海的中国企业官方账号也开始与一财全球频繁互动,包括平安保险、百度、华为、中兴、海尔、苏宁、OPPO 等在内的中国知名企业经常转推或点赞一财全球对于中国财经以及中国企业的报道。

三、开展国际交流,提升城市国际美誉

(一)举办国际论坛,塑造良好形象

一财全球在美国纽约举办自有品牌论坛,展望世界形势,探讨全球经

济发展,并加强国际思想和信息交流。通过在论坛中直接与欧美高端用户和意见领袖互动,一财全球成功讲好上海和中国的财经故事,传递了正面的上海城市形象和中国国际金融中心的定位,为上海经济的良性发展营造了正面舆论氛围。论坛中一财全球充分发挥自身媒体优势,讲究传播节奏,采取层层推进式传播策略,提升了观点的覆盖面和到达率。此外,通过参与嘉宾和观众的直接人际分享,一财全球扩大了"中国经济故事"的主流群体,有助于塑造上海和中国的良好国际形象。此外,在论坛中巧妙植入"魅力上海"的图片展览和中国国际进口博览会的推介,进一步助力上海城市形象和重大活动的国际传播,取得了显著效果。

举办这样的论坛有助于与海外主流受众进行面对面互动,实现精准传播的效果。与会的官员、专家学者、投资人和金融机构负责人等在本国和国际事务中拥有话语权,由主办方设置议题的论坛必然会对他们的观点和看法产生影响。同时,我方的专家学者和媒体也通过交流和交锋,更客观地了解外部世界,为决策和报道积累更多参考。因此,举办国际论坛是一项值得推崇和继续实践的对外传播策略,通过直接互动和面对面交流,有助于加深国际间的了解与合作,扩大对上海和中国的正面宣传影响。

（二）主动设置议程,区域定向传播

一财全球自 2022 年开始尝试新型传播方式,通过主动设置议题并叠加区域定向传播,在提升传播效果方面取得了较好的效果。2022 年,面对新冠疫情冲击和全球经济下滑的背景,一财全球决定稳定海外投资人信心,展现中国稳健而强韧的经济局面。他们借助第一财经强大的采编团队在海外推出了"中国经济新格局"专题,并重点进行了欧洲及中东区

域的传播。该专题涵盖了 IBM 创始人比尔·盖茨、瀚亚投资首席投资官
Bill Maldonada、橡树资本联席创始人和联席董事长霍华德马克斯,及普
徕仕首席投资官 Sebastien Page 等财经界和投资界的重要人物。一财全
球通过扎实的数据、专业的分析和独到的见解,全面展示了中国经济稳中
向好的长期趋势。

这一系列报道在海外社交媒体平台上获得了超过 1 200 万的浏览量
和逾百万的互动量。报道受到了东方汇理资管、橡树资本等顶级投资公
司官方账号和投资界人士的积极点赞和转发。海外投资界人士也通过各
种渠道向一财全球反馈,这些报道及观点引发了投资圈人士热烈讨论。
通过主动设置议题并进行区域定向传播,一财全球成功地在海外传播了
中国经济的积极形象,有效地稳定了海外投资人的信心,并赢得了业界和
受众的高度认可。这种新型传播方式为一财全球的对外传播开辟了新的
途径,为未来的传播策略提供了有益的经验和启示。

第三节 《上海日报》:新闻服务与国际传播合作机制

《上海日报》创刊于 1999 年 10 月,由文汇新民联合报业集团出版发
行,是中国第一份地方性英文日报。自 2005 年起《上海日报》的发行已扩
展到整个长三角地区,是这一经济发达区域最具影响力的外文媒体。《上
海日报》在展现中国以及上海的经济发展、城市品位以及人文社会等领域
与视角中也增进了国际社会对中国以及上海的了解与认同,扩大了知华、
友华、爱华的朋友圈。

一、擘画顶层设计,提升运营能力

(一) 明确自身定位,完善外宣规划

《上海日报》明晰所处地理位置及城市自身特点,结合媒体定位与未来规划,完善自身外宣策略。作为比较,《中国日报》在外宣中更侧重外交实践层面,向国际社会介绍中国特色社会主义道路、中国政府的执政理念和相关政策、中国传统文化等;《上海日报》相关报道则多采用访谈、人物特写等方式展现网络空间治理、绿色发展、中外文化交流等话题,比如,报道外国人在中国的生活、重要互联网人的一些活动,①官方性、政治性相对更弱,但其严肃性又强于"第六声"等上海其他媒体。疫情防控期间,"上海发布"缺少官方英文答疑通道,《上海日报》便主动贡献外语团队,回应归华外国人的求助,起到宣传上海城市形象,并为当地的外国受众提供服务的功能。

(二) 细分传播平台,提升运营能力

确立全媒体发展战略,全方位进行国际传播规划。改变原有"一张日报为主＋多个新媒体渠道为辅"的传统产品布局,向深耕海外社交媒体平台、细做自有传播渠道的全媒体产品布局转变。同时顺应受众需求,转换内容生产方式,增强全媒体运营能力。从传统的、单一的内容生产者,向提供内容和服务并重的国际社群建设者、运营者转变。当下《上海日报》新媒体矩阵包括网站、App、微博、微信、视频号、B站等国内社交媒体账号,以及脸书、推特、油管、照片墙等海外社交媒体账号,针对不同渠道的特点(用户特征、分发规则等)运营新媒体产品,不断提高运营能力,建设

---

① 梅朝阳,孙元涛.中国话语"人类命运共同体"国际传播的媒介生态思考[J].浙江社会科学,
　2020(9):78—87＋159. DOI: 10.14167/j.zjss.2020.09.009.

满足用户需求、有活跃度的互动环境。

如针对阅读量较低、但大都具有固定使用习惯受众的网站渠道,《上海日报》制作了精致的英文版面,同时配备内容搜索功能以及"Trending"进行新闻热度排序,增加用户黏性;针对用于沟通对话的脸书以及社交性、新闻内容更多的推特,《上海日报》均将平台内容制成短讯进行发布,有时根据具体需要进行微调,而油管多用于绿眼睛 Andy 工作室的视频发布;同时,针对年轻人兴趣点转换快、倾向于使用新平台的情况,《上海日报》也在不断探索新平台的入驻可能。据显示,《上海日报》近年来媒体融合发展迈上新台阶,包括粉丝量、访问量、发帖量、内容触达率等指标均逐年上升。2020 年内容触达率破纪录地超过了 1 亿,即全球通过脸书和推特平台阅读或观看《上海日报》官方账号内容的用户已超过一亿,视频播放量累计达到 5 100 万。

(三) 从被动到主动,转换出海方式

《上海日报》增加与外媒、驻沪外国企业等具有影响力的意见领袖的交流合作,寻找"发声者",解决国内地方媒体难以吸引到大量海外受众的问题,在信息传达、交流互动等方面获得一定反馈,并根据反馈情况进行传播策略调整。如从 2014 年开始,上海市人民政府新闻办公室和《上海日报》社牵头建立"驻沪跨国企业国际传播合作交流机制",成立"跨国企业传播俱乐部",吸引驻沪跨国企业参与。《上海日报》积极利用市商会平台,争取跨国企业全球高管为上海发声,对上海丰富国际传播主体、拓宽国际传播渠道、提升国际传播能级发挥了独特作用。①

---

① 打造精彩的上海"特殊故事员"——跨国企业传播俱乐部的对外传播实践与探索[J].对外传播,2020(1):70—72.

二、有效利用"他者"讲述,扩大朋友圈

(一) 议题软化,及时回应关切

《上海日报》巧妙利用突发性新闻在地性的报道优势,迅速预判内容的重要性、话题性,同时也注意报道地方民生新闻时去政治化,避免内容传播语态过"硬"的情况。经过探索,《上海日报》在生态环保、地铁交通、养老、旧改、弱势群体等内容的报道中均取得了不错的国际传播效果。

(二) 有效利用"他者"讲述,发掘知华友华爱华人士

针对特定事件选择合适的切入视角,利用"他者叙事"代替新闻记者"说"出观点,让来自各方的多元行动者共同在国际上发声,做到切实有效宣传的同时,将"宣传"意味降到最低。[①]如《上海日报》长期聘用新西兰籍视频编导 Andy Boreham,以其视角制作相关视频讲述上海故事,并创建绿眼睛 Andy 工作室,针对 Andy 及其粉丝的特点,策划以"绿眼睛 Andy"为 IP 于国内流行的视频分享平台 B 站、西瓜视频(头条)、抖音和快手上开设频道;同时以 Andy's Shanghai Life 为 IP 在油管和脸书分享 Andy 作为新西兰年轻人在上海的生活。疫情防控期间,Andy 工作室策划栏目《外媒看中国》,多次对外媒针对国内疫情以及新疆有关事件的造谣、攻击性报道进行回应。

此外,《上海日报》主动关注在海外平台中留言的人群,主动发掘知华、友华、爱华的新"他者"。相对海外专家作为"他者"传播高门槛的知识性内容,一些网络化语言、个人生活分享更容易被海外受众理解和接受,

---

① 侯迎忠,玉昌林.2021 年中国对外传播实践创新与未来展望[J].对外传播,2021(12):13—17.

《上海日报》积极回应在海外社交平台与国内媒体互动、留言的国外账号。在新冠疫情防控期间,《上海日报》转发塞尔维亚致谢中国的推文并附言"中国人民也不会忘记",一天内原推合计阅读量达 11.5 万人次,3 600 个点赞,1 700 余次转发,评论过百条,网友分别用中文、英语和塞尔维亚语表达友好情谊。①

(三) 分析用户画像,丰富传播方式

《上海日报》持续进行用户画像,根据不同国家用户不同的触达方式、停留时长、点击次数等使用习惯分析受众需求,不断改进传播内容。如根据用户画像,美国为《上海日报》网页访问量最大的境外国家,美国用户偏爱搜索引擎与引荐外链,社交媒体平台也是美国用户有效的触达路径。

与此同时,《上海日报》适应数字化媒体时代的要求,积极探索和创新对外传播方式,如游戏、动画、古装剧、插画、短视频等,根据用户的反馈不断改进。如《上海日报》聚焦热点议题,精心策划推出的《中国共产党人精神谱系》系列动画视频,大型纪录片《寻找路易·艾黎》第三、四集,"大国建交"系列报道的延续及《外媒看中国》特别报道;围绕城市建设、文化自信、生态文明建设、脱贫攻坚方面选题输出优质内容,打造《高质量发展在上海》《老外镜头下的上海》《非遗文化的活态传承》及《生物多样性》等系列深度报道;以深耕原创内容为根本,推出"Explaining Shanghai"系列双语短视频、《曦望》微纪录片系列第二季之"乡村教育"等融媒精品力作。这些都是《上海日报》不断加强国际传播能力建设,放大外宣媒体在国际舆论场声量的出色表现。再如绿眼睛 Andy 工作室历时数月精心制作约

---

① 发出中国战疫声音讲述上海抗疫故事[J].对外传播,2020(5):63—64.

25 分钟时长的短纪录片《寻找路易·艾黎》,上线后受到了各界好评,包括中国人民对外友好协会会长林松添的高度称赞。

(四) 立足城市文化,挖掘传统文化

鉴于以西方受众为代表的外国受众特别在价值观念、审美情趣和艺术素养上与国内受众有很大差异,很多外国人对中国文化艺术的认知依然停留在长城、四大发明、京剧戏曲和"梅兰竹菊"的层面上,①《上海日报》立足上海既古老又现代、既传统又时尚的城市文化特点,开办多个栏目重塑宣传和推广中国传统文化艺术。如设置当代艺术专栏"回顾中国当代艺术在上海二十年的发展",以能和西方读者产生共鸣的当代艺术为切入点,吸引更多西方读者深入全面地了解中国当代艺术在上海的缘起、发展和现状,进而从一个侧面来反映出中国改革开放四十年的文化艺术成就,表达出中国作为一个文化艺术强国对多元艺术的包容性和自信心。栏目分为四期,从 1995 年到 2015 年,每五年为一个分界点,探讨这五年中当代艺术重要的事件和现象。②

再如报社建立"Qiao Shanghai 融媒体工作室",出品"阅读建筑"节目及周边产品,共发布《和平饭店:开启摩登时代》《繁华与烟火:走进慈安里大楼》《南京路的"王宫"》《南京路上的梦幻拱廊》《南京路上的电力大楼》《Ciao! 武康大楼》6 期纪录片,在网站、客户端、微信视频号、B 站、Tiktok、脸书和油管上总覆盖量近 76 万。纪录片从远处、近处、细节,多个角度分别介绍和平饭店、慈安里大楼、武康大楼、电力大楼等上海标志

---

① ② 王捷.对外传播的"五性"——从上海日报的当代艺术专栏说起[J].青年记者,2019(27):57—58. DOI:10.15997/j.cnki.qnjz.2019.27.032.

性建筑,从带有烟火气息的居民生活,到上海的历史故事与最新变化,再到呈现上海的文化和艺术气息,通过城市和建筑历史专栏作家乔争月的讲解,兼具趣味性与知识性,视觉效果精美。工作室收到大楼建筑师邬达克家人的回复:"现在我们看到了你给我们寄书的邮局了:武康大楼邮局。你从这么有历史渊源的地方给我们寄书,是多么完美啊!来自加拿大的邬达克家人对此表示感谢。"

（五）开展线下活动,增强传播效果

《上海日报》发挥媒体资源、渠道优势,分别以"并肩战疫,我们在行动""来自脱贫地区的美味佳肴""青春 Youth""天下无废,社会共享,共创社区再生环保新美学"等为主题,多次在线下开展具有国际传播影响力活动。其中"并肩战疫,我们在行动"公益捐赠活动、"天下无废,社会共享,共创社区再生环保新美学"环保主题活动、理想餐桌脱贫攻坚主题活动等通过联合多家跨国企业会员、邀请在沪中外酒店制作扶贫菜单、进行英文主题征文等方式邀请海内外不同国籍的人士共同参与,搭建了中外文化友好交流的线下平台,起到共同抗疫、诠释人类命运共同体理念、科普环保知识等作用。其中,"理想餐桌"项目宣传视频《从田间到舌尖》海外社交平台累计覆盖超 40 万受众,并在花生地铁全国频道上线,连续 6 日首页热门头条轮播,阅读量超 81 万,进一步扩大了理想餐桌品牌、扶贫助农、中国传统文化元素在外籍社群、跨企俱乐部成员等核心受众群之间的影响力。

《上海日报》在上海图书馆举办的"青春 Youth"沉浸式交互展则邀请外国留学生体验展览,并拍摄展览预告片,向大众展现展览主题和立意,同时邀请超过 200 人进行采访,在网站、客户端以及社交媒体上掀起了

"青春"主题高潮。

(六) 立足媒体定位,讲好抗疫故事

新冠肺炎疫情发生以来,上海全面盘点国际传播资源,在全球各地坚定发出中国战疫声音,讲述上海抗疫故事,尽最大努力争取国际舆论支持,引发塞尔维亚总统武契奇等国际知名政经人士的广泛关注。①《上海日报》作为上海的官方媒体之一,立足自身特点,在回应外媒关切、提供读者服务、利用自身媒体矩阵多渠道发声等方面讲述上海抗疫故事。如《上海日报》推出社区系列报道"Shanghai officials help expats deal with virus",体现上海各级政府和相关人员细致入微的人性化服务和对疫情防控一丝不苟的精神。②

在视角选择和具体叙事环节,《上海日报》则没有选择过度煽情,也没有选择将人物过度拔高,而是聚焦一两个人物进行特写,突出有血有肉的人物形象。如跟踪记录了仁济医院的一对年轻护士的故事,从出发、到达武汉工作到最终凯旋的融媒体系列报道,辅之以推迟婚礼、前线举办婚礼、宝宝出生等细节和"彩蛋",匹配以欢快风格的配乐和剪辑,激发了读者的情感共鸣,起到了很好的宣传效果。③

此外,《上海日报》在海外社交平台刊发近百篇有关中国企业在新冠肺炎疫情防控期间援助抗疫和复工复产的报道,其中尤以跨国企业为关注重点,展现中国及上海在改善营商环境,协助企业克服困难、重拾活力中的努力。据统计已被海外媒体转载超过 100 次,美国《国际财经时报》、

①　发出中国战疫声音讲述上海抗疫故事[J].对外传播,2020(5):63—64.
②③　蔡文珺.英语报纸如何在疫情中做好外宣工作——以《上海日报》为例[J].新闻前哨,2021(8):69—71.

剧院新闻网(Broadway World)均参与了有关转载。

三、技术赋能生产,主打综合资讯服务性

(一) 应用数字化技术,提升传播效率

数字化编写,提升采编效率。《上海日报》自主研发了新闻采编流程管理系统 DPS(Digital Publish System),吸取了多家国外英文数字媒体采编系统的优点,并且与中文采编流程系统的特点相结合,针对《上海日报》外宣媒体的特性,完全定制化的英文采编一体化系统。实现了融合从记者到编辑的不同角色,从选题、选稿到写作、排版、润色到最后审查、发布的不同步骤的一套完整解决方案。DPS 系统于 2017 年 10 月试运行,至今已经历多个版本迭代,目前已具备新闻采编流程治理、多媒体内容整合、多渠道智能分发等功能,已全然成为上海日报的数字媒体的核心,为报社新媒体业务拓展起到举足轻重的作用。

(二) 分发综合性资讯,满足受众需求

为了更好地满足全球用户的需求,《上海日报》与国际合作伙伴合作,加强了内容的共享和交流。通过与国际媒体机构、新闻机构等进行合作,《上海日报》可以更好地将自身的报道传播到全球各地,扩大其国际影响力。《上海日报》还推出了多语言版面,将内容翻译成多种语言,包括英语、法语、西班牙语等,使其更容易被国际读者理解和接受。这样的举措大大拓展了《上海日报》在国际传播中的受众范围。通过跨媒体整合的方式,将新闻报道与多媒体形式相结合,为用户呈现更加多样化、丰富的内容体验并积极利用社交媒体平台,如脸书、推特等,与国际用户进行互动,增加了内容的传播范围和影响力。

（三）打造品牌型项目，提升服务效能

在品牌建设上，《上海日报》以政企合作提升服务效能，将 CNS（城市新闻服务）项目作为报社推进媒体深度融合改革的重要抓手。City News Service 外宣服务平台（简称 CNS 项目）是一个为工作生活在上海的外国人提供新闻、信息和服务的平台，由市政府新闻办主办，《上海日报》承办。CNS 将聚焦城市美好生活、发布城市重大新闻、提供政策服务信息、推送文化生活资讯，旨在成为服务上海及长三角外籍人士获取新闻、行业资讯、政策咨询等信息服务的主要平台，以及接入本地工作生活各项服务的首选入口。此外，为了推动上海城市形象建设和城市服务优化，《上海日报》承接了"上海发布"海外社交平台的代运营，助力城市构建立体传播格局。再者，《上海日报》以优质内容增强吸引力，在创作破圈短视频的同时，还推出视频定制服务带动创收 200 万元左右。这些协同传播形成的品牌效应，都为《上海日报》新项目的打造和服务效能的提升提供了源源不竭的动力。之后，《上海日报》还打造了"新生 A Cup of Comfort""这就是上海 Cest Shanghai""爱的空间 Inclusive Space"等聚合传播项目，以社会公益切入，增加了内容的深度和温度，宣传效果佳，传播效能强。

第四节　第六声：多元叙事与国际传播相生机制

上海报业集团旗下的英语媒体网站第六声（Sixth Tone）于 2016 年 4 月上线运营。汉语普通话共有五个声调，"Sixth Tone"命名即定位，作为中国第一家全数字英文媒体,其旨在通过对外报道中国故事时传递一种新的声音:除了主流和头条,还提供其他声音的空间用于讲述普通人的非凡故事。第六声开辟了新闻报道、特写、声音与观点、多媒体、Sixth Tone×和特别项目等板块,新闻内容涵盖中国各地问题和事件的及时报道,评论议题深切当代中国社会的核心问题,同时其中还包括个人撰写的具有独特视角的文章、与多个外部合作伙伴的翻译和交叉出版项目以及距离接触当代中国的可视化作品组合,这些都展示了第六声新闻编辑室在国际传播不同主题上的合作努力。

一、广泛工作互通,全方位开展媒体合作

(一) 与国际媒体互载引流,以内容拓展用户圈层

第六声在国际传播实践中,不单单是只依靠自身之力,而是不断地加强与国际媒体的合作。第六声与部分关注中国的英文媒体进行内容互换,双方皆可不定期地转载彼此的报道,通过各自的自有平台及社交媒体账号互相引流,帮助来自不同圈层的更多读者接触到相关内容,从而实现优秀作品的共同传播。[1]此外,CNN、BBC、《纽约时报》、《华盛顿邮报》等对中国抱有刻板印象的西方媒体,也多次援引第六声的新闻素材,其在海外媒体的公信力得到了普遍认可。[2]

(二) 与主流媒体深度合作,授权编译拓宽内容边界

第六声依托澎湃新闻,与中国的多家主流媒体都有密切的合作,在对新闻热点进行报道时,第六声会自发地优先组织人员进行原创报道,而在

---

[1] 薛雍乐.从"第六声"看外宣媒体平台化创新与挑战[J].全媒体探索,2023(6):28—30.
[2] 郭新华,赵翔.全球化语境下澎湃新闻第六声的中国表达[J].传媒,2021(20):59—61+63.

受到地域时间等因素的影响下自发报道不占时效性优势的情况下，第六声则会组织成员对合作主流媒体的新闻稿件进行编译。如 2023 年 6 月发布的"Seeing for the Sightless"，就编译自北京青年报的《一个视障者的 600 万双陌生眼睛》，文章以视障者个体角度切入，介绍了一个名为"Be My Eyes"（成为我的眼）的系统，这一系统构联了视障者和志愿者，使得帮助成为一种选择而不仅是一种同情。诸如此类的合作彰显了第六声在国际传播中对于弱势群体的关注，也使得主流媒体的国际形象更为立体和丰富。

（三）与优质自媒体紧密协作，深入挖掘垂直领域内容

第六声的国际传播面临新的社会现实，互联网与新媒体的发展使其面临一个"去中心化"的新的国际传播格局。因此，第六声也十分注重吸收高质量自媒体的垂直领域内容。科技、商业、青年文化等领域的自媒体长期深耕特定领域，能够敏锐捕捉趋势，富有专业洞察力，且垂直内容往往能吸引涉华记者、专家等人群之外的更广泛的社会群体关注，这将更好地帮助第六声将中国民众的故事讲给外国民众听。如 2023 年 3 月 28 日第六声发布的文章"China's First 'Male Morality' Class"，该文章的相关内容就来自自媒体创作者"一条视频"，该账号在哔哩哔哩拥有 163 万粉丝。

（四）与出版机构积极配合，持续丰富产品叙事结构

第六声与出版机构合作，积极进行有关中国的中英文书籍内容的选摘、转载和编译工作。尤其值得注意的是，当前非虚构写作在中国逐渐兴起，并鼓励来自各种背景的作者讲述个人故事，或深入研究特定主题，这导致了许多优秀作品的涌现，这些作品具有极大的吸引力，值得向海外读

者推介和译介。例如,第六声改编了中国经典小说《西游记》,中国记者和美国编剧顾问通力合作,在东西方文化巨大差异的基础上找到了中国古典小说和西方价值观中人类的共通心理,也让国际看到了第六声兼收并蓄的态度,提高了其公信力。①

(五) 与高校课程联合共动,不断跟进当下时代潮流

第六声与高校媒体及新闻课程合作,编译优秀学生作品。学生作品可以展现中国 Z 世代的风貌,常常比机构媒体更能敏锐捕捉到当下的青年潮流。相关研究表示,第六声的亚文化报道主要关注的是中国互联网上的青年亚文化,或者说"新媒体、新经济和新青年",并试图从"一滴水"看太阳,通过这一抓手来展现出波澜壮阔的经济和社会变革中的中国各领域和各阶层的生存状态,体现了作为上海外宣媒体的第六声报道全国、服务全国的广阔胸怀。②

二、开阔国际视野,国际化配置加成传播

(一) 多重审稿:确保栏目精品化

我国对外宣传机构积极鼓励优秀外籍人士参与新闻制作,但往往以顾问形式间接呈现,很少作为常驻编辑直接参与。第六声为了使传播内容达到国际化水准,采取中外人员协同的工作班底,邀请外籍员工参与新闻策划,并且让表现优秀的人员担任编辑总监。③第六声在进行员工招募的时候,也会考虑到文化的多样性发展趋势及受众特点,会进行多个国家

---

① 郭新华,赵翔.全球化语境下澎湃新闻第六声的中国表达[J].传媒,2021(20):59—61+63.
②③ 邓建国,朱承璋.新媒体、新经济和新青年——谈第六声的文化报道[J].对外传播,2020(1):35—37.

相关人员的招募。编辑部成员定期召开选题会,由中英文编辑共同评估选题的重要性、是否符合第六声定位、对海外读者吸引力以及编辑难度。在与原作者或发表平台协商获得授权后,中文编辑首先对原稿进行处理,以适应英文读者的阅读习惯。然后送交翻译,最终核对翻译结果。英文编辑进一步优化译稿的语言与结构,确保终稿对海外受众的无阅读障碍。经确认编译稿内容无误后,稿件经过校对、配图、审核后,发布在第六声的各个渠道。

第六声发布的编译稿件在不改变原稿主体内容的前提下,形式上与原稿有明显区别。例如中文深度特稿有时长达 5 000—8 000 字,在编译过程中需要缩减篇幅,以适应读者的网络阅读习惯。同时,编译稿件增加背景解释性内容、历史文化知识等,链接第六声及其他媒体、官方账号发布的信息,增加英美国家惯用计量单位的转换等,以帮助海外受众理解。在"Sixth Tone ×"的"深加工"流程中,每篇稿件通常涉及约5 人,流程周期约 2 周,需要频繁进行中西方不同思路的沟通转化。这确保了栏目内容精品化,不会因外部稿件加入而冲淡第六声的风格和质量。①

（二）多元分发：提升内容触及率

第六声十分注重渠道建设,作为顺应互联网浪潮的外宣平台,在线上完成所有工作,这一形式不仅提高了媒体资源的内在动力,也使得信息分发更加贴合受众获取信息的渠道。利用社交媒体进行国际传播,是新闻机构发挥技术禀赋,拓展传播空间的重要实践,也代表着新闻传播的重要

---

① 薛雍乐.从"第六声"看外宣媒体平台化创新与挑战[J].全媒体探索,2023(6):28—30.

发展趋势。第六声积极布局社交媒体平台,使得用户可以通过分享、评论、转发等互动形式进一步扩大新闻的传播效果。第六声在网站平台建设后迅速布局脸书、推特、LinkedIn、照片墙等海外用户基数庞大的社交媒体,主动探求不同社交媒体的传播规律。

此外,第六声于 2019 年 7 月 17 日上线了移动新闻客户端,标志着全媒体矩阵的正式形成。经过近三年的网站运营,第六声在国内外取得了不菲的成绩,无论是内容质量、传播效能还是媒体公信力。为了更加方便快捷地向用户传递新闻信息,第六声工作团队加大了技术投入,推出了基于网站平台资源的手机客户端第六声。该客户端借鉴了国外媒体机构的极简主义风格,采用黑白灰主色调,简化功能设置,并暂停广告投放,真正做到了"小而美"的媒体定位。[1]

(三)多样呈现:改善受众观感度

随着碎片化阅读逐步定型,仅仅依靠文字图片已经无法吸引受众的注意力,新型媒介如短视频和直播在社交媒体上盛行,信息可视化成为新闻媒体争相发力的重要领域。第六声根据国内外不同的分发渠道成立不同的工作小组,并尽可能根据媒介特质制作多模态的信息内容。目前已经形成了覆盖消息、特稿、图集、短视频、H5、AR、VR 等多种类型的媒体矩阵。比如,动画作品"The Soundscape of Shanghai"将上海的地标和现场环境音相结合,赋予读者一种身临其境行走在上海街头的感觉。此外,在 2017 年,第六声成立了视频团队,专注于开发时长在 10 分钟以内、适合社交媒体传播的短视频,并通过单独呈现和补充报道等方式进行精

---

[1] 郭新华,赵翔.全球化语境下澎湃新闻第六声的中国表达[J].传媒,2021(20):59—61+63.

准投放。2019 年策划的三期"互联网的中国红人"系列报道中,第六声通过三段视频展现了来自偏远地区、平均年龄超过 60 周岁的短视频红人——跳舞女王王显群、土鸡农民刘守忠和淘气陈奶奶。再者,在中国两会的报道中,第六声采用了虚拟现实技术,以 360 度摄像头技巧制作了"360° Video：Join A Delegate Inside the Great Hall of People",加深了国际受众对中国两会的了解。这些产品都很好地引起了国际化共鸣。①

(四) 多种活动:增加产品新鲜感

为了增强对全球青年读者的吸引力、提升中国叙事在海外的影响力和美誉度,第六声还举办了创作者活动,并于 2021 年启动了面向全球的英文非虚构写作大赛,主题为"世代"(Generations),邀请作者提交与中国相关的真实故事。此次大赛吸引了来自国内外文学界、学术研究机构及媒体的八位重量级终审评委,其中包括美国《纽约客》记者 Peter Hessler 和德国马克斯·普朗克社会人类学研究所所长项飙等。在近一年的赛程中,第六声共收到来自全球 22 个国家和地区的近 450 篇投稿,这些参与者来自五湖四海,拥有多元的教育背景和生活环境。

除了大赛本身,第六声还举办了三场与创作者相关的活动。其中一项活动是邀请大赛评委 Fuchsia Dunlop 和钱佳楠就"世代与写作"展开对谈;另一项活动是邀请陈年喜、袁凌、张慧瑜等中国作家和学者来介绍中国非虚构写作的发展;最后,与上海的三明治文化中心和 Inkwell 等写作组织合作,进行有关在地写作的工作坊项目。这三场活动及最终的颁奖典礼吸引了来自 10 多个国家和地区的观众。

———————————

① 周延.英语媒体网站"第六声"的对外传播策略[J].新闻战线,2018(16):130—131.

三、关注普通人，"人情味报道"吸引眼球

（一）普通人的经历完善国际对中国立体认知

官方叙事是中国国际传播的主线，第六声希望通过差异化的定位成为这条主线上的一个分支。第六声的创始主编魏星曾经谈到，第六声无意与主流的英文媒体竞争，而是通过对普通人的报道切入国际传播的赛道。西方的"新新闻主义"浪潮使得"人情味报道"长期占据新闻报道的话语框架，而对第六声这样一个规模较小的新闻编辑室而言，硬新闻的运作成本较高，相关经验也无法与主流媒体比肩，因此进行相对较软的新闻报道不失为一种策略性选择。基于上述原因，进行新闻生产成本相对较低的普通人视角的报道，一方面契合第六声本身发展的市场环境，另一方面也在相当程度上避开了中西意识形态鸿沟，补充了国际受众长期在主流媒体影响下一定程度上缺失的底层视角，形成了对中国的更为立体的结构性认知。[①]如"Dealing With Death"系列报道，通过对选择海葬或树葬的逝者家属、因母亲去世而选择从事临终关怀的志愿者、因缺乏安全感而提前为自己筹备葬礼的老人等不同人群心路历程的描写刻画，来向海外受众介绍中国人如何面对生老病死，并引申出老龄化、城市公共墓地资源稀缺等社会问题。这些报道都以一种平视的视角，将中国国情和个人情感经历相结合，着重描写普通人的日常生活细节和心理活动，娓娓道来，拉近与读者的心理距离。

（二）多样化选题勾勒社会多元图景

国际传播具有跨文化和跨语言的挑战，如何在传播过程中形成传受

---

① 吴海云."普通人报道"的多维度探索——以英语媒体网站"第六声"（Sixth Tone）为例[J].对外传播,2018(3):39—41.

双方的共情,一是尽量让信息宏观抽象,如在仪式性事件中的共同口号;另一种就是降低视角贴近共通的人性。第六声注重文化报道,并且通过多样化的选题共同勾勒串联了中国的社会图景。男生美妆视频博主、唱片骑士、赣南华农兄弟、遵义广场舞大妈、泰安 80 岁农村老汉……这些对各种人群的描述,通过非虚构叙事的文字技巧和视频展现出了众多普通中国人在面对性别、城乡、年龄、专长和社会经济地位差异带来的压力时,如何与刻板印象抗争,通过努力和新媒体平台的赋能改变自己和家人命运的故事。[①]节点性人物的连接勾勒出相对完整的社会图景,这使得相关领域的读者对中国的社会议题有着持续的黏性。在自己感兴趣的帖文下,他们发表看法,分享个人经历,相互答疑解惑,或是针对某一问题展开激烈的讨论。

(三)科技硬核报道被国际核心期刊引用

第六声在坚持自身报道特色的同时,也尝试进行一些科技"硬核"新闻的报道。例如,针对疫情相关的诊疗手段、药物研发及专利纠纷,该媒体先后刊登了多篇科技类报道,其中许多是独家报道。具体包括"Leading Expert on Epidemic Outcomes,'Psychological Intervention'""China to Begin Testing Ebola Drug on Coronavirus Patients""Wuhans Much-Maligned Virology Institute Seeks Patent on US Drug""Scan-Reading AI Systems Are Helping Doctors Diagnose COVID-19"和"Inside the Race for a COVID-19 Cure"。针对备受关注的新冠病毒药物研发问题,记者专门走访了海内外病毒学家、制药专家、临床医生、公共卫生专家和人工智能专家在内的十余位顶级科学家,并建立了清晰而严密的逻辑框架。最终呈现的文章不仅客观而全面地展现出全球范围内新冠

① 郭新华,赵翔.全球化语境下澎湃新闻第六声的中国表达[J].传媒,2021(20):59—61+63.

病毒药物/疫苗/抗体研发的最新进展,而且传递了人类命运共同体的核心概念:新冠病毒是人类面临的共同危机,研发针对性药物是全世界科学家通力合作的共同战役。①

此外,国际核心期刊及行业媒体如《科学》和《自然》杂志网站,《柳叶刀》及《欧洲心理创伤杂志》网站,美国人工智能促进协会网站,美国物理联合会官方网站,法国《科学与未来》月刊等,皆在 2020 年将第六声的报道作为权威来源加以引用。②这些都体现了第六声在坚守小而美的定位同时也在不断提高要求兼顾精进自身业务能力和专业水平。

第五节 哔哩哔哩:海外推广与国际传播共建机制

B 站全称 Bilibili 弹幕视频网,于 2009 年 6 月创建,前身为 Mikufans 网,后于 2010 年更名 Bilibili(哔哩哔哩)。其最早围绕小众的 ACGN 圈子而兴起,最初只是用户观看视频、发表观点、同看视频的视频网站,内容只包括简单的弹幕互动和自剪辑视频上传分享,如今已拓展为基于趣缘群体而组建的多元化 PGC+UGC 视频播放平台,同时也是面向以 Z 时代为代表的年轻人的网络社交平台和亚文化社区。哔哩哔哩主打 ACG(Animation、Comic、Game,动画、漫画、游戏的总称),汇集国际上喜爱二次元的人群,形成国际二次元文化圈层,逐渐向全世界发展,通过宣传国漫进行文化交流,搭建多元化的平台讲中国故事。伴随着商业模式的

---

① 吴海云.坚持与应变——英语媒体网站"第六声"的抗疫报道[J].对外传播,2020(5):36—38.
② 吴挺,张茹.英文新媒体"第六声"创新国际传播的实践和思考[J].中国记者,2021(7):53—57.

成熟和影响力的提升,哔哩哔哩近年来在国际传播中也展现出不俗的潜力,其所本身的 PGC＋UGC 属性为其提供了多元主体参与国际传播的精彩表现。

一、加强国际投资合作,对外讲述中国故事

(一) 服务国际用户,探索出海道路

哔哩哔哩持续探索"出海"道路,积极与海外公司合作,加快开发海外市场,从内容的横向破圈,到努力实现纵向发展。2014 年起,哔哩哔哩先后与索尼全资子公司 Aniplex、美国 Discovery、日本 GREE 社等达成合作,又收购日本公司 Fun-Media 部分股权;获得索尼 4 亿美元的战略投资,在动画版权、移动游戏、纪录片、虚拟偶像等方面形成海外布局。2018 年 3 月 28 日,哔哩哔哩在美国纳斯达克证交所挂牌上市。后又推出国际版本 App,国际版相对国内版,取消如广告、会员购等变现服务,并取消观看视频时的消息提醒等,为用户提供了更舒适的使用空间,有利于吸纳更多海外用户。2020 年底,哔哩哔哩又开始新一轮的加速破圈,已经在泰国和马来西亚发布了当地语言版本。

(二) 联合主流媒体,讲述中国故事

哔哩哔哩利用自身渠道搭建国际传播平台,协助构建全方位、立体化的国际传播体系。如 2020 年哔哩哔哩与央视新闻、光明日报、中国青年报联合推出演讲视频《后浪》;疫情防控期间,为增强人民防疫意识,哔哩哔哩协助央视,开通了抗击新冠疫情的专题页面,积极开展防疫知识的科普工作,得到包括海外中国留学生在内的年轻人的广泛关注;在国家广播电视总局指导下,与央视新闻、Figure 联合推出首部上线的抗疫题材纪录

片《在武汉》,讲述疫情下武汉市民的生活,从平凡人的角度看疫情,讲述了既痛苦又温暖的人生故事。纪录片还在油管等多个国外社交平台上发布,让国际社会第一时间了解中国抗疫真实情况。

二、聚合 UP 主创作能量,打造 Z 时代国风文化圈

(一) 聚焦纪录片版块,推广纪录片出海

哔哩哔哩一直致力于纪录片创作和推广,自 2016 年正式入局纪录片以来,推出《我在故宫修文物》《人生一串》《历史那些事》等多种题材纪录片,并在平台设立哔哩哔哩纪录片模块。在第 26 届世界科学与纪实制作人大会上,《人生一串》作为唯一一部国产自制纪录片,在重磅环节"WHATS THE BUZZ?"上的"MOST SUCCESSFUL"版块中荣获大会特别推荐及中日韩电视制作人论坛的中国代表作品奖,其"弹幕＋纪录片"的观影方式也受到重视。

近年哔哩哔哩为实现纪录片出海铺路,一方面积极开展与国外顶尖纪录片制作方的交流合作,引进海量优质纪录片内容。如与 Discovery 达成合作,上线共 145 部纪录片、200 小时独家内容,目前 Discovery 专区用户互动量已超千万。另一方面,哔哩哔哩也开始与海外机构联手向全球观众输出一系列富有特色的优质纪录片。如先后与 BBC 联合出品《神奇的月球》、与国家地理出品《神秘动物王国》、与 Discovery 共同出品《和德爷一起挑战荒野》等。其中《神秘动物王国》《和德爷一起挑战荒野》聚焦自然题材,分别在中国各地取景拍摄,讲述野生动物、野外求生的有趣故事,展现了大熊猫、金丝猴、藏狐、土拨鼠、兔狲珍贵动物的生活,将中国的自然资源和美丽风光充分展现。

2020 年 8 月,哔哩哔哩联合出品的三部纪录片入围美国杰克逊电影节终评名单,实现其纪录片出海的又一大突破。其中,与 ARTE 合拍纪录片《极度深海》入围最佳科学自然长片;与国家地理合拍纪录片《未至之境》入围最佳系列长片;与 Terra Mater 合拍纪录片《天行情歌》入围最佳原创配乐。三部影片拍摄难度极高,向观众深度展现了中国本土的自然风光。其中《未至之境》英配版、杨紫琼配音版在哔哩哔哩播放量合计已超过 1 450 万次,并通过美国国家地理频道在全球 172 个国家,以 43 种语言向国际观众呈现。《极度深海》播放量近 900 万次。

（二）激发 UP 主创作活力,实现现象级传播效果

哔哩哔哩作为国内最大的用户内容原创平台之一,始终秉持着以用户为核心构建亚文化社区的理念,也将之贯彻到了国际传播的实践中。

一方面,国外 UP 主大量入驻哔哩哔哩,带来了丰富多元的国际化内容。如 UP 主"郭杰瑞""山下智博""阿福 Thomas""高佑思"等拥有百万粉丝的"洋网红",通过美食、健身、外语教学等方式将各类属于不同国家和地区的跨文化传播内容带入国内。此外,他们积极向国际社会介绍真实的中国,成为中外交流的一支独特力量。生活区美国 UP 主"我是郭杰瑞"在抗疫期间拍摄短视频《回中国了——对比中国防疫》,通过中美对比,展示中国抗疫成就,在国内外受到了广泛欢迎;美食区 UP 主"山下智博"试吃中日美食并进行评测,为受众介绍了两地的美食文化、风俗习惯的同时,客观促进了中日的文化对话与交流。疫情防控期间,他也通过视频介绍了日本隔离生活;巴基斯坦留学生 UP 主"我是严正平-巴铁CN"同步在哔哩哔哩、油管、推特上发布大量视频,展现了中国巴基人民的友好感情;生活区 UP 主"歪果仁研究协会"主动到新疆棉花种植

地拍摄。外国"洋网红"更注重在情感上引起共鸣的"软文化"内容的生产,并利用互动评论功能不断摸索适合的传播路径,充分利用嘉宾和打磨标题语拉近与受众之间的距离,为我国做好国际传播提供了良好启示。①

另一方面,哔哩哔哩也在聚合 UP 主的能量将自身推向海外。如由上海市人民政府新闻办公室指导,24 位 UP 主共同参与"一个都不能少——长卷寻宝"扶贫成就公益传播活动,哔哩哔哩 UP 主分别通过动画、视频、小游戏等深受年轻人喜欢的方式讲述中国故事,并成功将作品推广至 QUORA、INS 等 60 多家海内外网站,吸引了超过 1.6 亿人次的浏览和关注,实现中国故事"破圈"传播,展示了十八大以来,在习近平总书记领导下,中国人民在脱贫攻坚这场伟大战役中所取得的伟大成就;再如同湖北卫视联合打造全球文化交流节目《非正式会谈》,以会谈形式和世界性的辩证视角,邀请在中国的国际留学生开展各种话题讨论,同时邀请哔哩哔哩 UP 主、飞行嘉宾参加。节目受到国内外青年的广泛关注,收获大量海外粉丝,国外多家孔子学院也将《非正式会谈》列为中文教育的视频素材,埃及、俄罗斯、意大利等国际媒体也参与了报道。

此外,"绵羊料理""老番茄""机智的党妹"等哔哩哔哩知名 UP 也都在油管平台拥有自己的账号,长期向外输出自己的内容,客观上为哔哩哔哩提升了海外的知名度。其中美食区 UP 主"盗月社食遇记"发布的短视频《喀什最终篇:家里的味道》,以展示真实的新疆情况为目标,讲述自己到维族阿姨家做客的故事,呈现了新疆人民的热情好客的良好氛围,视频

---

① 夏菲菲,潘慧琼.基于洋网红视角的国际传播路径探析——以哔哩哔哩视频博主韩国东东为例[J].新闻研究导刊,2020,11(24):22—24.

在油管账号上播出后传播量迅速超过 50 万；UP 主绵羊料理的视频在油管平台的播放量则长期维持在 50 万以上，其中一期《店里卖 88 一只的大汤包在家做会便宜多少？》在国内点击量更是超过 800 万，油管播放量超过 300 万次，并拥有大量的粉丝参与互动、评论，实现了现象级的传播效果。

（三）挖掘国风新潮流，弘扬中国传统文化

哔哩哔哩一直致力于国漫为代表的传统文化的传播，通过长期的社区建设，汇聚了大量主动创作视频向世界展现中国文化的国风 UP 主。哔哩哔哩网站负责人在 2021 年世界互联网大会上演讲时指出，"截至 2021 年 6 月底，哔哩哔哩 UP 主创作的国风类视频数量已超过 100 万条，过去一年哔哩哔哩国风类视频的观众数量已经达 1.36 亿人"。[①]

2020 年 7 月哔哩哔哩在油管开办了动画频道，开始向海外输出动画作品，目前粉丝数量已经超过 40 万，整个 2020 年哔哩哔哩向海外平台发行 24 部原创动漫作品，覆盖了 200 多个国家和地区。并在 2021 年将《天官赐福》《时光代理人》等动漫作品发行到奈飞及全球最大的动画在线平台 Funimation，其中《时光代理人》更一度进入 MAL（欧美动画排行榜）前 20，最终位列总榜第 21 名，成为国产动画最佳成绩。

其中，音乐区 UP 主"碰碰彭碰彭"，在法国街头用古筝演奏中国经典音乐曲目新编《十面埋伏》，受到法国观众的围观。时尚区 UP 主"鸿雁Aimee"，致力于传承点翠等中国传统手工艺，作品登上米兰时装周；时尚区 UP 主"十音 Shiyin"，用英文在国际互联网平台传播汉服文化，讲解汉

---

① 侯迎忠，玉昌林.2021 年中国对外传播实践创新与未来展望[J].对外传播，2021(12)：13—17.

服与韩服的区别。①哔哩哔哩正加大对国内动漫的支持力度,与相关部门合作在日本投资制作影片,更重要的是,哔哩哔哩正在加大力度培养中国的二次元创意群体,通过线上、线下共同打造二次元年轻人社区,串联需求布局,形成完整的创新创业生态链。哔哩哔哩主打 ACG,汇集国际上喜爱二次元的人群,形成国际二次元文化圈层,逐渐向全世界发展,通过宣传国漫进行文化交流,搭建多元化的平台讲中国故事。②

此外,哔哩哔哩还宣布收购拥有 3 家动画工作室的日本公司 Fun-Media 部分股权,深入日本动画产业。根据数据,哔哩哔哩已经参与了日本 45 个动画制作委员会。出品的动画产量占日本动画产量的 30%。哔哩哔哩努力推动中国优秀文化作品将赶上视频化大潮。通过搭建平台,服务年轻 Z 世代,哔哩哔哩向世界讲述中国故事,传播中国精神,向世界展示真实立体全面、可信可爱可敬的中国,推动中华文化走向世界。

（四）立足 Z 世代青年,打造新时代文化圈

哔哩哔哩为青少年亚文化"迷群"构建了一个相对温和的、完美的乌托邦世界,是迷群获得群体认同的活动场所。③目前,哔哩哔哩每月活跃用户达到 2.37 亿,其中 35 岁及以下用户占比高达 86%,新增用户平均年龄为 20.2 岁。为服务好 Z 世代年轻用户,哔哩哔哩聚焦 Z 世代年轻人的

---

① 《哔哩哔哩:Z 世代为国际传播注入青春新力量》,中国联合展台公众号,https://mp.weixin.qq.com/s/IsodY4uY0wDm9M6wfdKDPg,2021 年 11 月 3 日.
② 韩依楠.基于 SWOT 与 STP 的视频网站营销策略探究——以哔哩哔哩弹幕视频网站为例[J].西部广播电视,2021,42(17):38—40.
③ 沈菲.二次元垂直视频网站商业模式的创新——以 Bilibili 番剧板块为例[J].青年记者,2020(6):86—87. DOI:10.15997/j.cnki.qnjz.2020.06.041.

生活,讲述他们的故事,推出富有青春信息的节目。在推动《后浪》《2020 最美的夜》视频策划及学习类直播后,哔哩哔哩目前已大力布局跨文化边界和年龄圈层的消费内容。① 灼识咨询发布的《中国二次元内容行业白皮书》数据显示,Z 世代人群中泛二次元用户的占比可达 95%,2021 年国内二次元用户规模已然达到了约 4.6 亿人。哔哩哔哩 Comics(哔哩哔哩漫画海外版)于 2021 年 4 月上线,月活跃用户超过 1 500 万。在中日韩以外的英语市场中位列第三,日活峰值达到 82.4 万。哔哩哔哩 Comics 旗下影响力最大的 IP 之一是改编自同名小说的《天官赐福》(英译 Heaven Official's Blessing),其动画版已接连登陆 Funimation、Netflix 等海外流媒体平台。据哔哩哔哩官方统计,《天官赐福》在我国台湾地区也引起了很大的反响,不少台湾用户浏览过该动漫。

三、应用最新科技,提升用户互动体验乐趣

(一) 打造虚拟艺人,增强互动效果

哔哩哔哩作为最早推出虚拟偶像的平台之一,围绕虚拟偶像为核心,长期招募虚拟偶像经纪人,进行社群运维、运营线上线下活动。2020 年曾邀请蔡明老师化身哔哩哔哩新人主播"菜菜子 Nanako",通过表演《开心消消乐》、你画我猜、客串心理医生等,与弹幕观众进行关于人生、情感方面的对话,获得极高的关注度。在哔哩哔哩评选的百大 UP 主中,虚拟主播"嘉然""珈乐"也与真人 UP 主一同入选,实现突破。在北京冬奥组委主办的首个冬季冰雪 IP 线上互动音乐嘉年华"集光之夜"中,哔哩哔哩

---

① 王立新,王璐珩."出圈"与"出海":在线视频产业发展动态与功能性转变[J].艺术评论,2021(12):54—64. DOI:10.16364/j.cnki.cn11-4907/j.2021.12.006.

的小虾鱼、伊万、路理、田汐汐、小柔、艾露露、小可学妹等虚拟主播与一线明星艺人如萧敬腾、萨顶顶、谭维维合体实现同台演出。据悉,为打造视觉效果,设计团队利用了 XR 技术,maya 和 UE4 同开实现真实场景与虚拟内容视觉交互,创造出 2022 北京冬奥会又一大创新环节,获得了现场观众和网友很高的评价。

（二）注重用户喜好,提升用户体验

哔哩哔哩通过人工智能、VR 等新兴技术提升视频效果和用户体验。如应用直播技术,推出元旦跨年晚会,使圈层文化走向大众化,引起学界的广泛关注;应用 CGI、AR、VR 的沉浸技术打造虚拟歌舞剧《创世之音》和虚拟偶像 T 台秀《Bilibili Vup Collection 虚拟时尚大秀》,连通线上线下,让人沉浸其中。此外,哔哩哔哩重视算法分发机制,秉持"操作越复杂、耗费时间越久的动作,权重越高"的原则,本质上将选择权交给了用户,一方面可以给用户精准匹配内容,另一方面也能对内容有更强的筛选作用。广发证券的研报显示,哔哩哔哩 UP 主相对于抖音、快手的内容生产者,有更强的独占性,哔哩哔哩用户对视频内容的转赞评也比抖音、快手更高。与此同时,哔哩哔哩一直积极布局游戏产业,不断创新 ACG 文化呈现方式,作为吸引用户的有效工具。2020 年,哔哩哔哩多款游戏产品在日本市场表现亮眼。先有《魂器学院》上线后空降日本免费榜TOP5,后有《重装战姬》挺进日本畅销榜 14,而《碧蓝航线》在日本一直是畅销榜常客。哔哩哔哩的 ACG 文化在大陆以外的市场,也发挥了一定的影响力。

第四章
国际主流媒体国际传播机制研究

第一节 顶层战略传播机制

一、"今日俄罗斯":立足俄罗斯,打好国际信息战

"今日俄罗斯"可以追溯到 21 世纪初的"今日俄罗斯"电视台,它由俄新社于 2005 年 4 月 6 日建立,以俄罗斯联邦出版与大众传媒署拨款作为主要经费来源,其宗旨在于面向俄罗斯境外全球观众,提供俄罗斯本土制作的新闻节目。它是俄罗斯第一个全天候 24 小时不间断播出新闻节目的电视台,拥有两千多名员工,在全世界一百多个国家用俄语、英语、阿拉伯语和西班牙语四种语言 24 小时连续播放。2009 年,为淡化俄罗斯国家意识形态的痕迹,避免海外受众作出政治化的解读,俄罗斯将"今日俄罗斯"电视台改为"RT 电视台"。2013 年,普京签署总统令《提高国家媒体工作效果措施》,[①]对俄罗斯的媒体进行改革重组,改革之后形成的"今日俄罗斯"媒体品牌,为

---

① 刘旭.普京签署总统令撤销俄新社成立"今日俄罗斯"通讯社[EB/OL].人民网,2013-12-10. http://media.people.com.cn/n/2013/1210/c40606-23793976.html.

日后的国际传播产生了重大的影响。同年,俄罗斯政府整合了俄新社和"俄罗斯之声"广播电台,成立了一个国际新闻通讯社,其英文简称为"RS"。虽然"今日俄罗斯"电视台(RT)与"今日俄罗斯"通讯社(RS)分属于两个相对独立的宣传体系,但二者共同使用"今日俄罗斯"的名称,有学者认为,俄罗斯有意通过统一媒体品牌形象,强化俄罗斯媒体在海外的整体影响力。①"今日俄罗斯"成为俄罗斯对外传播的航母级全媒体平台,②在俄罗斯国际传播中起到了重要的作用。

(一) 政府拨款建设,独立自主运营

国家对担负对外宣传责任的部门与组织需要给予一定自主空间和资金支持。俄罗斯国际媒体及国际传播体系建设,得到了政府的高度重视,均由政府主导设计和负责推进。"今日俄罗斯"是一个脱离原有体系重建的新媒体,以俄罗斯第一家国际媒体的形象面世,得到了政府的优先支持,作为对外传播优先保障项目,被纳入俄罗斯总统新闻顾问代表管理序列。俄罗斯政府对"今日俄罗斯"寄予厚望,一直由联邦预算拨款,2008年全球金融危机期间,俄罗斯政府成立专门金融委员会,将"今日俄罗斯"列入"国家战略企业"名单,当年拨款超过1亿美元。

作为国际传播机构角色,过浓的政治色彩可能会使得媒体机构"自由度"受损。虽然"今日俄罗斯"最早是由俄罗斯新闻社创建,但"今日俄罗斯"在创立之初就力图打造自己作为独立的非官方新闻媒体的身份,在俄罗斯联邦新闻主管机构注册为"非营利自治组织",以避免自身沾染上浓厚的官方色彩,从而导致西方受众主观上的厌恶和排斥。俄罗斯新闻社

① 张子晶.俄罗斯卫星通讯社品牌传播战略与实践初探[J].传媒,2018(10):59—62.
② 常江,徐帅,李峰."今日俄罗斯"的新闻生产策略及启示[J].中国记者,2015(4):121—122.

作为创始人并未参与"今日俄罗斯"的实际经营和管理,因而"今日俄罗斯"拥有高度的自主权。

作为外宣旗舰媒体,"今日俄罗斯"主要面向国外受众,在俄罗斯境内其受众相对较少。因此俄罗斯政府对"今日俄罗斯"采取了内外有别的政策:对国内媒体采取高压控制,但对"今日俄罗斯"的政策相对宽松,对"今日俄罗斯"的审查机制更加灵活,允许其报道一些敏感的话题。相对宽松的报道尺度使得"今日俄罗斯"也能够报道俄罗斯国内的负面新闻,如俄罗斯国内不满政府当局的示威游行,从而弱化其官方"喉舌"的色彩,增强其报道的客观性和公信度,使得受众更加容易接受其报道。

(二) 差异化议程设置,提升国际影响力

除了给予充足的资金支持外,俄罗斯总统新闻顾问代表总统每周召开新闻通气会,对包括"今日俄罗斯"在内的国有媒体进行业务指导。"今日俄罗斯"被称为"俄罗斯的 CNN",宗旨是以专业的方式反映俄罗斯对世界的看法,提升俄罗斯的大国形象,每当俄罗斯面临巨大国际舆论压力时,"今日俄罗斯"总能第一时间扮演媒体急先锋的角色,成功地将国家危机转化为提升自身媒体知名度和影响力的机遇。

"今日俄罗斯"在与俄有关的重大国际事件上主动进行议程设置捍卫国家利益外,还致力于报道西方媒体不愿提及或者边缘化的议题,来争夺公共话语权。例如美国爆发"占领华尔街"运动时,美国各大媒体都没有给予示威群众发声渠道,而"今日俄罗斯"则派出摄制团队 24 小时现场直播。此外,西方媒体忽视的灾难、犯罪、反恐、宗教、种族等议题也是"今日俄罗斯"关注的重要内容之一。"今日俄罗斯"在国际重大事件上以不同于西方的鲜明观点争夺话语权,同时积极为弱小国家及边缘群体发声,在国际上树立起有发言权和负责任的俄罗斯大国形象。

(三) 隐藏实际身份,直面国际热点冲突

"今日俄罗斯"拥有英语、俄语、西班牙语和阿拉伯语频道。在英语播报中,还单独分设两个频道:国际频道(RT International)和美国频道(RT America)。前者在华盛顿、伦敦、巴黎、德里和以色列港口城市特拉维夫有分社;后者以华盛顿分社为基地,在纽约、迈阿密和洛杉矶设有演播室。

"今日俄罗斯"依托母国资源在美国成立 RTTV America 公司,RTTV America 只是一个商业性质的公关公司,美国频道节目的实际运作先后由 RTTV studio 和 T&R Production 负责。这种层层嵌套的关系给"今日俄罗斯"带来很多好处,一方面淡化外宣形象,为"今日俄罗斯"提供了更多、更丰富的节目来源;另一方面,还为其省去了很多当地的法律和监管麻烦。

"今日俄罗斯"虽然是俄罗斯外宣系统的一部分,但美国频道只是电视内容和频道提供商,以公司化的运作方式,成为联系当地关系的平台。着重于提供热点议题的讨论,依靠热点新闻议题和激烈的观点来吸引美国的非主流智库研究员和非政府组织的注意。在美国,华盛顿代表了主流社会政治意见,纽约代表了主流社会经济利益集团,这些利益集团的人数很少,但影响力却非常巨大。在这些少数利益集团之外有广大的所谓"非主流社会",他们人数很多,但却在主流社会和主流媒体中缺乏发声渠道,美国频道恰恰为他们提供了一个平台。美国频道正是利用这个特点在很多问题上为俄罗斯找到了可以维护国家利益的基点。

二、CNN：主张"霸权稳定论"，加剧意识形态竞争

美国构建了以"霸权稳定论"为内在逻辑的公共外交叙事；美国认为自己是自由主义世界秩序的主导者，其霸权地位是世界和平与繁荣的保障。[①]而诸如"盟友""共识""普世""规则""秩序""自由"等概念，无不是基于这种霸权思维与秩序设定的。[②]而美国与"盟友"之间以各种各样的条约形式达成共识，并在此基础上维持霸权秩序；美国负责世界体系的管理并进行职责分工，依据其制定的所谓"规则"与"秩序"维持世界"和平"与正常运转，在世界政治和经济体系中发挥着主导性的作用。作为回报，美国能够以世界体系管理者的身份获得最大的收益分配，其他国家则根据其实力地位和贡献大小来分享余下的利益。这样的世界秩序一直是美国认为的最理想的秩序。[③]而美西方国家的媒体则披着"新闻专业主义"的外衣对这些话语进行阐释和传播，维护美西方话语霸权。

CNN 成立于 1980 年 6 月 1 日。它是由美国商人特德·特纳（Ted Turner）创立，总部位于美国乔治亚州亚特兰大市。CNN 是全球最早的 24 小时全天候新闻频道之一，也是全球最知名的新闻机构之一。CNN 在全球范围驻派记者和通讯员，设有众多国际分支机构，它在美国的国际传播中扮演着重要的角色。CNN 在美国和全球范围内都有广泛的观众群体。它的新闻报道吸引了各个年龄层和社会群体的观众，成为全球知

---

① 金新，贾梦茜.中美公共外交博弈：叙事构建与策略选择[J].国际展望，2021，13(6)：10—33+145—146.

② 李宇.国际传播的全球化逻辑与本土化布局——以 CNN 的全球发展策略为例[J].现代视听，2022(5)：85—88.

③ [日]松田武.战后美国在日本的软实力：半永久性依存的起源[M].金琮轩译.商务印书馆，2020：28、101.

名的新闻品牌之一。通过精心规划全球化和本土化两个维度,CNN不仅成功扩张商业利益,同时也有效地协助美国建立国际传播话语权。①

(一)倡导"普世价值",扩张全球政治商业版图

在美国看来,一个强大的美国不仅符合其自身的利益,也符合那些希望与美国合作追求共同利益、价值观的人的切身利益。美国政府在传播方面具有几方面的优势:它的媒体机构体系完善、传播策略奏效,以及合作效果好,然而,其也存在一些不足之处,主要表现在美国政府坚持通过战略传播来维护其全球霸权地位。美国政府的战略传播规划并不以具体国家利益为绝对立足点,而是选择将自身利益与所谓的"普世价值"挂钩,并试图以推广"普世价值"、实现全人类福祉的口号来进行战略传播。CNN扮演着实现文化霸权的重要角色和工具。借助技术优势,利用集广播电视、电影、新媒体等为一体的媒介平台,掌握并操控全球信息流,实现对媒体的垄断,借此手段,对其他国家进行经济和文化渗透,将美国的消费理念、价值观念、审美标准等意识形态悄然传播到全球,塑造国家形象,引导国际舆论,达成自身战略诉求和政治经济目标。②

在传统媒体业务领域,CNN的全球发展策略主要体现在三个方面:一是针对不同语言和地区特点构建国际频道体系,包括国际频道(CNN International)、西班牙语频道(CNN en Español)、阿拉伯语频道(CNN Arabic)以及巴西频道(CNN Brasil)等;二是在全球开展频道落地播出和内容分发业务,拓展国际频道的传播渠道和覆盖范围;三是利用自身品牌

---

① 李宇.国际传播的全球化逻辑与本土化布局——以CNN的全球发展策略为例[J].现代视听,2022(5):85—88.
② 张春霞.数字媒介与意识形态的双向建构一体化趋势及其风险挑战与应对[J].理论探讨,2023(4):101—108.

和内容资源优势,在海外进行品牌授权、延展,包括合办频道等。在新兴媒体业务方面,CNN 备受瞩目的举措是开办了名为"CNN＋"的订阅型网络视频业务(SVOD)。2022 年 3 月 29 日,CNN＋正式上市,单月订费价格为 5.99 美元,年度订费价格为 59.99 美元。为了打造该业务,CNN 母公司美国华纳传媒集团(Warner Media)投入约 3 亿美元,专门组建了一支 450 人的团队。付费订户在 CNN＋平台上,能看到美国有线电视新闻网美国频道、有线电视新闻网国际频道、有线电视新闻网西语频道以及头条新闻电视网(HLN),而且还能以点播方式观看有线电视新闻网自制的纪录片、电影等。这是该频道自 1980 年开播以来在经营发展上的一次重要拓展。[①]

(二) 倾向性叙事模式,意识形态对立先于客观事实

2017 年 12 月,美国发布《国家安全战略报告》,其中将中国定位为"战略竞争对手",[②]并加快了从贸易、科技、军事、意识形态等各领域全方位打压中国的步伐。从特朗普政府开始,美国频频在公共外交领域对华展开攻击,意欲向世界描绘一个"不可信"的中国。在美国的叙事中,中国崛起不仅威胁其国家安全和利益,更是对现有国际秩序的冲击和破坏,因此美国推行对华竞争的政策具有充分的正当性。

此外 CNN 日常在新闻报道中时常采用倾向性叙事模式。从新闻叙事角度来分析,倾向性叙事是西方媒体在话语传播中的主要策略,倾向性叙事通过运用概念置换、情节虚构以及话语包装等手段,对受众进行引导

① 李宇.国际传播的全球化逻辑与本土化布局——以 CNN 的全球发展策略为例[J].现代视听,2022(5):85—88.
② 张智伟.美国战略传播实践的演变与观念的形成[J].公共外交季刊,2021(3):93—100＋130—131.

和影响。例如,2019 年 10 月 23 日,39 名亚洲人殒命于零下 25℃的冷冻货柜车中,在事实未清的状况之下,CNN 一口咬定这 39 人来自中国,并发出疑问:"为什么中国已经成为世界第二大经济体,却还有人冒着生命危险偷渡英国。"在 2021 年,美国有线电视新闻网(CNN)被揭露雇用演员扮演"新疆警察",借此制造所谓的关于"新疆问题"独家报道。同年 10 月 6 日,在电影《长津湖》上映取得票房成功后,CNN 发文称《长津湖》是一部"政治宣传片"(propaganda movie),抹黑这部电影所取得的成绩。除此之外,美西方媒体还善于使用话语包装,例如采用"亲"(pro)、"反对"(anti)等词缀或"指向不明"(no direction)等表达方式,以达到特定意图。①这样的叙事也体现在对其他非西方国家的报道中,2022 年 5 月 16 日,CNN 用一张"被击毁的俄罗斯坦克"的照片作为一篇关于别洛戈罗夫卡附近战斗报道的附图。CNN 称,这证明了俄罗斯武装部队的重大损失。后被证明这是一辆乌克兰坦克。这类报道都体现出 CNN 意识形态对立先于客观事实的报道立场。

三、半岛电视台:面向全球,报道阿拉伯世界

媒体本身代表着对民族国家和地区的一种认同,在国际传播中,媒体传递着特定的信仰、价值观和社会规范组成的象征体系,代表着民族国家和地区的集体身份。中东地区是世界上最大的媒体市场之一,拥有超过 100 种语言、2 000 多种报纸和杂志,其媒介产品和服务出口总额占全球市场的 15%。阿拉伯地区的媒体战略致力于推广阿拉伯世界的文化和

① [美]布鲁斯·兰尼斯·史密斯等.宣传、传播和舆论指南[M],王海、胡帆、宋长青译,中山大学出版社,2008:86.

价值观。这包括通过电视节目、电影、文化活动等方式展示该区域的传统和现代文化，以及提高国际社会对中东地区的认知。

在中东媒体的传播中，电视和电台是最主要的渠道。以半岛电视台（Al Jazeera）为代表，通过其英语和阿拉伯语频道，向全球传播新闻和信息。该电视台力图成为独立、客观和具有影响力的国际媒体平台。卡塔尔也希望通过媒体战略扩大在中东地区的影响力，加强与其他阿拉伯国家和世界其他国家的联系，塑造和维护阿拉伯世界的国际地位。半岛电视台是阿拉伯国家的第一家独立新闻机构，于 1996 年由卡塔尔王室出资组建。该台 24 小时滚动播出阿拉伯语新闻节目。2003 年的伊拉克战争期间，半岛电视台的新闻是重要的信息来源和视角来源，备受全球关注。它根据自身的地缘政治地位，立足阿拉伯世界，向全球传播阿拉伯世界的声音，其国际化发展成为国际信息逆流发展的成功典范。

（一）打破西方主导框架，促进公民知情权

半岛电视台为了提升国际影响力，以在地优势传播阿拉伯信息，倾力打造 AJ-A、AJ-D、AJ-M 三个阿语频道，减少时滞，以提高议程设置能力。AJ-A、AJ-M 主要以时事新闻为主，致力于以最快的速度、不一样的视角传播卡塔尔、中东地区以及其他国家重大新闻；AJ-D 则基于半岛电视台纪录片大赛的影响力，向世界推介优秀的纪录片及其诞生过程。此外，半岛电视台还打造 AJ-E、AJ-IU、AJ-B 等外语频道，减少误读率，提升国际话语力量。AJ-E 和 AJ-IU 两个频道以英语为主。AJ-E 于 2006 年 11 月 15 日正式开通，是中东地区第一家全球性英语频道，而成立于 2011 年的 AJ-IU 则坚持使用英语播出深度调查节目。此外，半岛电视台考虑到在巴尔干半岛国家的影响，专门开辟了波斯尼亚语、克罗地亚语与塞尔维亚语等当地语言的 AJ-B 新闻频道,针对其需求传播信息,增强其在当地的话语力量。

在传统的报道方式下,阿拉伯世界的媒体尽量都避免冲突的话题和有争议的人物,以区别于西方世界的报道框架。半岛电视台冲破阿拉伯世界对媒体认识上的思想束缚,挑战政府对新闻的某些限制。半岛电视台通过勇于报道冲突性和争议性的选题,抓住观众的眼球,赢得了观众,成为阿拉伯地区第一大电视台。半岛电视台以"意见与异见"为口号,秉持新闻专业主义追求真相,打造多元化平台,就公众关注问题为公众发声。半岛电视台立志于连接不同民族与文化,以促进公众知情权,推行包容、民主、尊重人权和自由的价值观。如今,在全球有 70 个分支机构的半岛电视台凭借电视台及其网站和新媒体平台,致力于传播不同角度的新闻信息、提供具有吸引力和激发灵感的娱乐内容,成了全球新闻界和娱乐界的一支重要力量,打破了长期由一个或两个西方国家媒体主导的局面。同时,半岛电视台全力打造研究中心、研究所等研究机构,出版研究书籍、学术研究期刊,细化研究,反哺电视频道和网络与新媒体转型升级①。

从早期的"9·11事件"到现下的俄乌冲突,半岛电视台都积极跟进,立足中东阿拉伯国家的视角,来对事件进行报道和评析。如开辟"乌克兰战争"专栏以来每日更新的《俄乌战争的今日发展》,每天都以时间轴的形式策展各方相关的新闻报道,既保持了中立立场,也满足了各路受众的信息需求。

---

① 车南林,蔡尚伟.半岛电视台国际传播能力建设的方法与启示[J].电视研究,2021(8):89—92.

（二）立足阿拉伯世界，传播无声者声音

"半岛电视台"三个阿语频道 AJ-A、AJ-M、AJ-E 主要以时事新闻的报道为主，其宗旨是以最快的速度和本土化的视角传播卡塔尔以及中东地区的重大新闻，采集并播送西方媒体采集不到的画面和内容。AJ-A 和 AJ-M 通过电视、电视台网站和 App 以阿语向全球懂得阿语的群体传播，AJ-M 通过电视和网站传播。AJ-E 传播渠道与 AJ-A 相同，但是内容更丰富、更多元，更新速度更快。截至 2021 年 4 月，AJ-E 已经有十几个频道和部门，一直坚持一致的价值观，利用先进的技术、多样化的人员，制作多元化的内容，向世界传播未被关注的地方的无声者的声音。

AJ-IU 成立于 2011 年，因为面对更加复杂的环境，要"告诉权力者真相"就必须建立一支专门的调查性新闻团队，而它必须要能集中精力生成原创的、突破性的内容。如此，AJ-IU 利用深度新闻调查团队深入世界各国，挖掘每个事件的背景、成因、最新进展，充分展现与事件相关的文件材料、视频材料、权威声音、底层呼声等，以不同的报道题材、范围、证据等揭示被其他媒体所忽略的重要信息。AJ-IU 关于"巴勒斯坦文件""肯尼亚敢死队""马尔代夫'偷天堂'的腐败案""美国体育的'黑暗面'"等深度调查，令其在国际上声名大振，成为不可被忽视的话语力量。调查结果已成为世界很多媒体的头版新闻，这些报纸包括英国《卫报》《每日电讯报》、印度《印度斯坦时报》、法国《世界报》、西班牙《国家报》、美国《纽约时报》等。

"Al Jazeera 国际纪录片节"是世界著名纪录片节之一。Al Jazeera 依靠这一节事吸引全球热爱纪录片的人士关注，继而将一些优秀纪录片通过 AJ-D 进行广泛传播。与西方媒体纪录片选题宏观、大气相比，AJ-D 播出的纪录片在选题上相对小众。这些纪录片既包括诸如《绿卡梦》阿拉伯青年通往梦想之地的旅程》等关注中东地区前途未来的纪录片,也包括《我母亲的角落》(摩洛哥)、《缺席》(突尼斯)、《我们来自那里》(黎巴嫩)等关注世界其他地区教育、医疗、生活等方面的纪录片。在播出纪录片的间隙,AJ-D介绍每部纪录片完成背后不为人知的故事,以便补充纪录片未叙述完整的内容。2021年,Al Jazeera通过"2021 Al Jazeera纪录片短片比赛"等赛事吸引了不少影片,丰富频道的内容。此举助推了Al Jazeera传播阿拉伯声音的诉求,使得中东世界更为隐秘的角落通过媒介呈现在了国际视野。

四、BBC:标榜公共服务,实则服务外交

BBC(英国广播公司),全称British Broadcasting Corporation,最初由马可尼、英国通用电气公司、英国汤姆森-休斯敦等财团出资成立,1926年底转变为公共媒体。1927年,BBC建立了由英国政府任命的理事会,负责公司的运作,也可以看做是完成了由"民营"向"国营"的转制。自此BBC也正式成为了英国乃至西方世界的喉舌。在国际传播方面,英国广播公司于1932年创办"英国广播公司帝国服务"(BBC empire Service),后于1939年将其更名为"英国广播公司海外服务"(BBC Overseas Service),1965年最终定名为"英国广播公司世界服务"(BBCWS)。

(一) 国际受众调研,布局世界各地

自建立伊始,BBC一直将自身定位为世界性媒体。20世纪90年代初冷战结束,原本的美苏两强争霸由美国一家独大所取代。尽管美国奉行霸权主义和单边主义的对外政策,但是世界多极化趋势已经不能阻挡,随着全球化浪潮的兴起,国际受众研究亦呈现出一些新动向和新特点,以

美英为首的西方国家的国际传媒开始从加强系统性、组织性和针对性着手，推进国际受众调研向纵深发展。①

　　分众化现实更是对 BBC 的全球化发展提出了个性化要求。早在 1974 年，BBC 便开始推估其全球受众人数，从 1992 年起，BBC 开始每年公布其全球广播受众的估计数字。这一年 BBC 的全球受众数为 1.2 亿，到 2007 年达到 1.83 亿，比 1992 年增长了 52.5％。②重视参与，尊重用户，分享新闻，成为了 BBC 面向全球并进行本土化传播的充要条件。在这样的背景下，BBC 于 2003 年组建了"市场营销、传播与受众部"，进一步加大对国际受众的调研力度。之后，BBC 每年的研究工作均投入几百万甚至上千万美元，至少进行一次涉及几十个国家的大规模受众调研，对有效受众的数量、节目的满意度、收听收视需求以及 BBC 在当地的知名度、影响力等进行深入研究，在主要对象国和区域还进行全国性收视率调查，采用到达率、客观性、贴近性等一系列指标进行绩效评估。此外，BBC 针对其国际传播中的竞争对手如美国之音、自由电台、德国之声等，进行国际受众规模的比较，以把握自己在国际传播市场上的竞争状况和趋势。

　　为了迎接数字时代的挑战，BBC 近年来也一直在调整海外分支机构，努力建设"多媒体、多语种的生产单元"，实现跨平台和跨语种的集成式工作。BBC 印度分部在这方面较为领先。在德里，BBC 创建了一个"数字优先"编辑部。这个编辑部拥有一个多媒体团队，能够在

---

① 刘燕南,谷征服.西方国际传播受众研究的历史与特点探析.现代传播,2011(11):34—39.
② 黄玉.立足节目,确定目标,科学评估.载王庚年主编.世界主要国际广播电台听众工作调研文集.中国国际广播电台,2008 年 1 月.

BBC 印地语网站 bbchindi.com 和英文网站 bbc.com/news 之间进行跨语种工作。①在该团队的努力下,印地语新闻不断被翻译为英文向世界发布。BBC 印度分部从旧平台向新平台的转型,也是 BBC 在全球范围内转型的一个缩影。

(二)国际博弈手段,服务英国外交

英国广播公司的核心目标是推动目标受众参与民主进程,以及向世界传播英国及其文化、价值观。英国广播公司要让受众获取信息、获得激励和参与互动,增进受众对英国及其所处区域的认知,通过提供高质量信息和促进公共讨论来促进目标国家的良政善治。②但是英国政府通过政府文件对英国广播公司的业务进行管控,并通过控制预算规模和拨款等方式产生直接的影响力。因此,英国广播公司世界服务虽然名义上是"公共服务",但实际上却是英国政府的"外交服务"。③

2018 年,英国广播公司推出"战胜假新闻计划",声称要揭露全球媒体的虚假新闻报道,提升各国民众媒介素养。通过由英国广播公司国际频道资助开展的"真相核查",将矛头指向尼日利亚、埃及、印度、俄罗斯、土耳其、肯尼亚、泰国等国家的媒体,声称这些国家的媒体在新闻报道中捏造事实、愚弄民众。④但 BBC 虽然长期自我标榜"报道真实",但也从不缺少造假丑闻,甚至将媒体造假当作国际博弈的手段。比如,在 2013 年 8 月英国议会即将就是否对叙利亚阿萨德政府开展军事行动举行投票之

---

① 刘滢.国外主流媒体海外分支机构的运作模式——以 BBC 印度分部为例[J].对外传播,2015(6):77—78.
② 李宇.英国国际传播监管体系与评估模式分析[J].现代视听,2022(8):85—88.
③ 郭志伟,程恩富.若干发达国家文化的国际传播——以美国、法国、英国、日本、韩国为例[J].马克思主义文化研究,2020(1):30—43.
④ 康秋洁.BBC 的两张面孔与双重标准[J].新闻战线,2021(9):117—118.

时,英国广播公司播出了一期题为《叙利亚危机:燃烧弹伤者"行如走尸"》的报道,声称叙利亚战斗机向小学操场投放凝固汽油弹。这则报道以及由相关素材制作而成的纪录片《救救叙利亚儿童》(Saving Syria's Children),成功俘获了广大民众的同情和愤慨,使得英国议会顺利通过了对叙利亚政府的军事行动。2018 年 4 月,英国广播公司资深驻外记者伊恩-帕奈尔(lan Pannell)甚至亲自出面担任"目击者",证实叙利亚政府在杜马实施化学武器攻击,为美英等国发动空袭提供借口。此后,相关报道被揭露系虚假捏造。

第二节　内生动力运行机制

一、开拓国际化道路,全球传播发展

"今日俄罗斯"展示了与欧美主媒差异化的国际报道视角。"今日俄罗斯"创立伊始便非常注重走国际化道路的策略,其并未将自身片面定位为俄罗斯政府的传声筒,而是致力于通过俄罗斯的视角报道世界的新闻。其总编辑西蒙尼扬就认为,西方社会没有人会愿意整天看俄罗斯的内容。①因此,"今日俄罗斯"以报道国际社会和受众广为关注的新闻为主,国际热点新闻是报道的重点。其新闻报道的定位就是用俄罗斯视角观察世界并发出自己的声音,以此打破欧美国家主流媒体对世界新闻舆论的垄断,也正是这种独特的俄罗斯视角,展现出了同欧美主流媒体差异化的

---

① 许华."今日俄罗斯"因何异军突起? [J].对外传播,2014(8):58—60.

节目内容,向广大受众展现了新闻事实的另外一面,这也是"今日俄罗斯"电视台赢得受众的又一个取胜之道。尤其在涉及俄罗斯重大利益的问题上,"今日俄罗斯"电视台更是能巧妙地从维护俄罗斯利益的立场出发,通过不同于西方媒体报道的角度和语言,让受众感受到不同的新闻事实,既保证了新闻报道的客观公正,又呈现出新闻事件的多样性,让受众有了充分的思考空间。[①]在报道题材上,"今日俄罗斯"对中东、西亚、非洲等发展中国家弱势群体的关注较多,内容囊括灾难、民生,宗教、种族、反恐等话题。同时,"今日俄罗斯"也敢于触碰敏感话题,"今日俄罗斯"电视台国外频道关于俄罗斯的报道中,并不特意回避负面新闻,敢于拿国内问题开刀,从而提升了媒体的国际公信力与传播力。

CNN 推行合办频道发展策略是其全球发展的亮点。在 CNN 的全球发展策略中,合办频道是创新点和亮点。从 20 世纪 90 年代开始,CNN 积极在海外与当地媒体机构合作开办频道,早期的合办频道包括西班牙"CNN+"新闻频道(CNN+)和土耳其有线新闻频道(CNN Turk),都是与当地公司合作开办的 24 小时新闻频道,以当地语言播出,CNN 负责提供国际新闻素材。2005 年,CNN 与印度电视网 18 传媒集团(Network 18)合作开办了 CNN-IBN 频道。从 2012 年开始,CNN 加速推进这一全球发展模式。2012 年,CNN 与巴基斯坦联合集团(AG)合作开办了乌尔都语新闻频道"戴斯频道"(Dais),这个频道在拉合尔播出。2014 年,CNN 与巴尔干地区的联合集团(United Group)合作开办区域性电视新闻频道 N1,主要面向塞尔维亚、克罗地亚、波斯尼亚和黑塞哥维那等国家播出。

---

① 郭金峰.俄罗斯媒体国际传播策略研究——以 RT 电视台为例[J].国外社会科学,2020(4):114—124.

2018 年，CNN 与阿尔巴尼亚 Gener2 集团合作开办 A2 频道，目标观众为阿尔巴尼亚国内以及旅居海外的阿尔巴尼亚人。2020 年，CNN 与捷克普利玛集团（Prima Group）合作开办 24 小时新闻频道——有线电视新闻网普利玛新闻频道（CNN Prima News），CNN 负责提供国际新闻资源。2021 年 11 月，CNN 与葡萄牙首都传媒集团（Media Capital）合作开办有线电视新闻网葡萄牙频道（CNN Portugal），通过合办频道，CNN，不但输出了节目资源、节目理念和管理模式，还强化了自身品牌影响，有效开拓当地市场。[①]

半岛电视台原创深度调查性新闻令其在国际声名大振。2011 年，半岛电视台成立外语频道 AJ-IU。该频道建立一支调查性新闻团队深入世界各国生产原创的、突破性的内容。这个团队挖掘每个事件的背景、成因、最新进展，充分展现与事件相关的文件材料、视频材料、权威声音、底层呼声等，以不同的报道题材、范围、证据等揭示被其他媒体所忽略的重要信息。

二、瞄准目标人群，推出新闻定制服务

《华尔街日报》以独家报道与深度报道稳固目标受众。1889 年，《华尔街日报》于纽约创刊，重点报道财经新闻并关注国际经济市场的发展动态，2009 年以 202 万份的发行量一举成为美国境内发行数量最多的大型综合报纸。[②]《华尔街日报》首要明确自身受众群体，瞄准政府行政官员、金融从业人员、股票经纪人及公司董事、总裁与首席执行官为受众呈现最

---

① 李宇.国际传播的全球化逻辑与本土化布局[J].现代视听，2022(5)：85—88.
② 戴雪梅.《华尔街日报》如何迎接媒体融合时代的挑战[J].传媒，2019(6)：50—52.

具价值的新闻资讯,保证受众能够及时准确地获得财经数据、股票市场交易动向等最新资讯,由此获得了受众信任。其次,《华尔街日报》在全球范围内建立了超过由1 500位专业记者、编辑职员组成的团队,深挖报道内容与价值,为财经、医学、政府行政管理等特殊行业和专业领域提供数据分析和定制化报道,以提升内容的综合竞争力。

CNN针对2000年后出生的年轻群体推出全新新闻收看服务。2013年5月,CNN与布兹菲德(Buzzfeed)公司合作在油管开办了一个名为"CNN BuzzFeed"的新闻频道,其目标用户是2000年以后出生的年轻群体。双方的合作模式是,布兹菲德公司利用CNN的新闻资源优势,根据社交网络的特点重新剪辑新闻素材和档案素材,然后以新闻集锦的方式在CNN BuzzFeed频道和CNN官网上播出。次年7月,CNN推出了一个名为"收看CNNx"(Watch CNNx)的应用程序,为移动媒介用户提供通过多种终端收看新闻的全新方式和体验,着力强化观众的主动性和选择性。通过这个应用程序,用户可以查看CNN 24小时之内的节目单,回放节目,预览感兴趣的节目,还可以就某一条新闻或某个主题检索数字编目后的节目内容。①

半岛电视台直接收购美国电视媒体进军美国市场。半岛电视台建立伊始就以世界一流媒体为目标,力求成为全球话语体系一极。半岛电视台注重海外发展,将美国锁定为主要市场,其英语频道目标受众是美国民众及二代阿拉伯移民。2013年初,半岛电视台斥资5亿美元收购用户规模较大的美国时事电视台,借此进入美主要有线电视、直播卫星电视

① 李宇.国际传播的全球化逻辑与本土化布局[J].现代视听,2022(5):85—88.

以及交互式网络电视三大播出平台,在美国用户由 470 万迅速扩大到
4 000 万。

三、在地化讲述,谋求文化共情

CNN 依据当地社会的风土人情实行定制化策略。从 20 世纪 90 年代开始,CNN 进军南美和中东市场。CNN 深入当地社会,根据受众的心理和需求制作符合当地民众喜好的节目。[①]在具体的新闻报道中,CNN 中东频道的出镜记者中极少有美国记者。在阿富汗大选时,CNN 力求让当地记者出镜报道现场情况,使 CNN 的报道看起来似乎与本地媒体并无差异。[②]此外,《纽约时报》在进行国际传播时,根据国际用户区域的不同,在语言、内容和版式上制定不同的版本。共计设置了"美国版""国际版""中文版""西班牙语版"四个版本。"美国版"侧重美国本土新闻报道,"国际版"侧重国际新闻报道,"中文版""西班牙语"版则侧重中国、拉美新闻报道。这些主要是通过提高记者对当地文化、社会情况的了解程度来实现。[③]

BBC 通过受众调研进行符合当地文化价值的节目制作。20 世纪 90 年代,BBC 也开始拓展南美和中东市场,此前 BBC 会在中东地区进行信息搜集,对该区域做直接和间接的舆情评估,以深入掌握当地受众心理。[④]2003 年,BBC 组建了"市场营销、传播与受众部",之后每年均投入几百万甚至上千万美元的研究费用,至少进行一次涉及几十个国家的大

① 李宇.CNN 国际频道新闻节目浅析[J].电视研究,2005(4).
② 郑亮,夏晴.国际媒体海外在地化建设与传播力提升研究[J].中国出版,2021(16):12—17.
③ 周翔,王卿.互联网思维下西方媒体转型与国际传播新路径[J].今传媒,2018,26(5):13—17.
④ 任永雷.BBC 与 CNN 的驻外记者站发展特色及趋势分析[J].电视研究,2011(12).

规模受众调研,以了解有效受众的数量、节目的满意度、收听收视需求以及 BBC 在当地的知名度、影响力等。①从文化的角度,BBC 的在地化建设突破了当地社会的文化边界,具有显著的文化价值观交流的特征,据此增进与当地社会的价值认同,塑造了国际媒体的传播力与影响力。②BBC 阿拉伯语频道人员认为,由于 BBC 有效的文化价值传播,BBC 在地化传播的观点已经成为许多阿拉伯民众生活和思考的一部分。③如 BBC 在非洲拥有一档斯瓦希里语节目——Haba Na Haba,作为 BBC 国际开发慈善机构 BBC Media Action 与 Radio Free Africa 和坦桑尼亚的社区广播站联合制作的节目,节目内容既有记者的报道,也有普通人讲述他们自己的故事。④

第三节　媒介技术创新机制

一、人工智能技术应用提升新闻生产效率

自动翻译、音频/视频文字转录工具助力新闻生产。BBC 在进行全球传播的过程中,为了应对地区间的语言差异问题,BBC 新闻实验室开发了 ALTO 项目,能够实现单个新闻编辑器生成多种语言的翻译音轨。为弥补机器翻译的不准确,实验室又和爱丁堡大学联合开发了一套系统——MT-Stretch(MT 拉伸),它可以在对机器翻译文本进行人工编辑

①④　常江,文家宝.BBC 的全球化与本土化传播策略及启示[J].对外传播,2014(8):55—57.
②　Livingston S. The CNN effect reconsidered (again): problematizing ICT and global governance in the CNN effect research agenda[J]. *Media War & Conflict*. 2011(4).
③　郑亮,夏晴.国际媒体海外在地化建设与传播力提升研究[J].中国出版,2021(16):12—17.

后再反馈给机器翻译系统,以提高翻译准确性。目前,在 BBC 官网上,用户可以自由选择的语言多达 40 多种,几乎可以涵盖世界上所有受众群体。BBC 拥有大量音视频资源,人工为其添加文本字幕是几乎不可能完成的任务。因此 BBC 新闻实验室设计出一款文本转录工具 Transcriptor,它可以从 BBC 的系统中获取音频,借助 Kaldi 引擎,利用语音到文本(STT)技术生成文字转录本,以便记者和档案管理员后续检查更正。同时,在视频文件生产中,BBC 新闻实验室设计了 OCTO 工具可以用于辅助完成视频字幕生成,还有 gif 动图制作工具、格式转换工具等,帮助编辑工作效率提升[①]。此外,传统的编辑部门往往需要投入大量的人力和时间用于新闻素材的分类、审阅和处理,当下则可以通过自动化技术来简化流程。BBC 新闻实验室开发了多种项目,以改善采编流程。例如"新闻编辑室的窗户"(Window on the Newsroom)和"榨汁机"(The Juicer),这两个项目侧重于利用机器学习,将新闻素材自动进行解析并分类,从而方便记者快速查找所需内容,BBC 称其为"新闻聚合的管道"[②]。

"写作机器人""聊天机器人"等"新员工"提升新闻生产效率。自 2014 年起,美国主流媒体广泛将人工智能技术运用于新闻生产环节,提升了新闻生产的效率。2014 年 3 月,美国《洛杉矶时报》发布了由 Quakebot 机器人生产的地震新闻,由此开启基于大数据挖掘的智能机器人在新闻业的应用。此后,多家媒体开始自动化写作的进程。最初,机器人写

① 王誉谕,崔阳阳,龙思薇.BBC 智能全媒体内容的工具化创新[J].国际品牌观察,2021(21):35—41.
② 潘笑.人工智能背景下的新闻创新尝试——BBC 新闻实验室的探索和启发[J].新媒体研究,2021(6):51—54.

作多应用于体育、财经领域。同年,美联社开始运用 Wordsmith 机器人写作上市公司财务报告新闻,是业界最早使用机器人写作的媒体之一。此外,《纽约时报》和《华盛顿邮报》则利用机器人参与了更广泛的新闻实践。《纽约时报》用于新闻采访和写作的原创聊天机器人有 30 多个,不同新闻版块的聊天机器人有不同的"人名"及沟通风格。值得一提的是,2016 年,《华盛顿邮报》推出 Heliograf,可以自动生成简短的报道。Heliograf 在一年的时间里就发表了超过 850 篇报道,①也难怪《华盛顿邮报》的战略计划主管杰里米·吉尔伯特说:"Heliograf 将会解放记者和编辑。"此外,《纽约时报》、《华盛顿邮报》等主流媒体已凭借机器学习的技术处理人工无法应对的大量数据。2016 年,《纽约时报》在一个企业涉嫌本地贸易欺诈的金融新闻处理中,成立了一个调查团队,用机器来帮助他们完成报道的前期大量的信息搜集工作。同年,《华盛顿邮报》也依靠机器学习系统建立了全美警察持枪犯罪数据库,并通过对数据的提炼和分析印证了该报长期以来的假设——"警察针对儿童和青少年的持枪犯罪率上升过快",并凭借此获得普利策新闻奖公共服务类大奖的新闻项目——警察持枪犯罪数据新闻。②

此外,后真相时代,互联网技术亦能助力主媒开展事实核查。为保证社交媒体时代的新闻真实,自动化事实核查成为媒体行业的选择。③美国第一家新闻事实核查机构 Fact Check.org,自成立以来流量入口攀升明显,现已与 CNN、NBC 等国际知名媒体展开广泛的新闻事实核查合作。

① 王清锐.我,机器人:《华盛顿邮报》机器人写稿的实践综述[J].中国记者,2017(6):52—53.
② 余婷,陈实.人工智能在美国新闻业的应用及影响[J].新闻记者,2018(4):33—42.
③ 笛宇.算法驱动下自动化事实核查的原理与局限,青年记者[J].2021(6):104—105.

此类新闻事实核查机构,一方面较好地继承了传统媒体新闻事实核查的价值理念和实践经验,另一方面也努力适应后真相时代的社会化媒体内容生产变革,不断开拓和延展新闻事实核查的内涵和边界。①BBC 借助于互联网开源技术,通过在线调查工具包 Online Investigation Toolkit,可以对照片、视频、文字等不同内容进行辨别,以完成对新闻内容的真假核查。在开源技术的帮助下,BBC 的非洲眼调查组在 2018 年成功识别出喀麦隆的一条视频《杀戮剖析》为假新闻。②

二、视觉创新技术应用提升用户新闻体验

3D、VR、5G 等虚拟技术丰富受众沉浸式体验。目前与新闻业相联系的虚拟技术主要为智能 3D、虚拟现实(VR)、增强现实等。3D 技术运用于新闻传播,较早引发关注的是报道体育运动。著名体育频道 ESPN 在南非世界杯的开幕前夕,于 2010 年 6 月 11 日在美国开播 ESPN3D 频道。③在 2011 年伦敦骚乱事件的报道中,《卫报》突破传统的文字视角,以数据思维呈现了这一牵动整个伦敦的重大新闻事件,通过数字、动态的变化呈现事件的发展趋势,让广大用户对新闻本身的关注转向为了解事件演变过程和事件发展趋势。④2012 年伦敦奥运会是历史上首届采用 3D 电视技术直播的奥运会。英国 BBC、美国 NBC、ESPN 等 14 家电视机构进行了 3D 转播,由此开启电视业的 3D 时代。

①　邱立楠.后真相时代西方媒体新闻事实核查的转向与困境[J].中国编辑,2020(9):92—96.
②　曾祥敏,潘九鸣,王俐然.理念、要素、规律:国际主流媒体融合创新研究[J].新闻与写作,2020(4):50—58.
③　陈昌凤,黄家圣."新闻"的再定义:元宇宙技术在媒体中的应用[J].新闻界,2022(1):55—63.
④　任晓龙,薛宁.英国《卫报》数字化转型的探索与实践[J].传媒,2020(11):57—59.

美联社于 2017 年 9 月发布报告《动态报道时代：浸入式报道记者指南》，报告认为未来新闻业应当以新闻用户需求为中心，提供交互式、非线性的新闻报道参与式体验。其代表性的技术手段为虚拟现实媒体（VR）及增强现实（AR）在新闻作品中的应用，以实现虚拟技术与传统文本内容的融合。①近年来 VR 等新兴的传播技术运用于新闻呈现，能够让用户在数字虚拟环境中近距离接触新闻、感受真实，2015 年后虚拟技术正式运用于新闻业，沉浸式新闻逐渐发展起来。2015 下半年，《纽约时报》推出 VR 新闻产品，主题以"战争""灾难""自然""科技"为主，VR 技术应用于新闻为受众提供了沉浸式探索体验，使受众能够更好地感知和理解新闻事件。②2016 年 1 月，《纽约时报》根据总统竞选活动的镜头制作了一部虚拟现实电影，观众沉浸入竞选活动的礼堂、餐厅、宴会厅，有机会与总统竞选人交谈几句，看到、听到甚至感受到"现实"中的人群，通过虚拟现实，共和党观众可以体验民主党的竞选活动，而民主党观众可以沉浸在共和党的活动中。③2016 年 5 月《纽约时报》推出其第 8 个虚拟现实产品《寻找冥王星的寒冷之心》（"Seeking Pluto's Frigid Heart"），这是基于新视野号探测器（New Horizons）的数据而制作的矮行星冥王星的可视作品。2017 年 10 月，《卫报》开发了 9 种能够产生不同体验的 VR 模块，让用户初步了解该项技术。相比之下，BBC 的虚拟产品则相对更为成

① 陈瑜.新闻业的未来：用户至上的动态报道——美联社《动态报道时代：浸入式技术记者指南》解读[J].传媒,2018(22):55—58.

② 常江,杨奇光.重构叙事？虚拟现实技术对传统新闻生产的影响[J].新闻记者,2016(9):29—38.

③ Healy, Patrick, et al. Experiencing the Presidential Cam-paign: A Virtual Reality Film, Jan. 29, 2016[EB/OL]. https://www.nytimes.com/2016/01/30/us/politics/election-2016-virtual-reality-vr-video.html.

熟,2016 年 9 月,BBC 在 iWonder 上推出一组虚拟现实故事——《复活节起义:反叛者之声》《我们等待》和《回家》,被视为开创了 VR 纪录片的先河。通过将计算机生成的图像(CGI)和真实的难民故事的结合,VR 纪录片为观众创造了非凡的体验。①在 2018 年世界杯期间,BBC 为观众提供了 VR 世界杯体验,观众可以自行选择赛事的观看角度,并通过互动显示特定球员的统计数据和信息。②同年,《纽约时报》推出了使用最先进技术的虚拟现实的报道《增强现实:四位你从未见过的最佳奥运选手》,使得观众可以全息地、360 度地看到奥运选手顺畅的运动。

5G 开始应用于新闻生产。2019 年 9 月对飓风多里安(Dorian)的报道中,《纽约时报》首次将 5G 技术使用于新闻业,灾难发生后,研发部与图形部门在紧接着的 4 天后去采集信息、航拍了数百张照片,用 3D 记录了居住着许多海地移民的棚户区被飓风摧毁后的场景,建构了从未有过的灾难现场。虚拟现实报道努力用各种方式增加抵达用户的可能,探索如何通过流式将 3D 内容直接传输到浏览器,而无需特殊的硬件或软件要求以提高用户的可访问性。《纽约时报》2018 年使用 AR 技术报道了加州历史上最严重的火灾之一卡尔大火(Carr Fire),这次报道运用两种版本:一种是在网络和旧设备上看的沉浸式报道,另一种是 iPhone、iPad 和 Android 手机上看的增强现实的版本。③2020 年 7 月,《纽约时报》进一步推出了一种新颖的 3D 新闻形式,将文字故事与动态 3D 现实场景相结

① 冯琪,于陆.移动互联时代,一个开放的 BBC——英国广播公司(BBC)媒体融合成果初探[J].新闻战线,2017(11):139—142.
② 符绍强,刘晓琰,曹萌.全球媒体 VR 报道对比研究及策略分析——以 CGTN、BBC、CNN 和《纽约时报》为例[J].中国广播电视学刊,2019(11):68—70.
③ A Fire Tornado Hit Their Neighborhood. This Is All That's Left [EB/OL].https://www.nytimes.com/interactive/2018/08/04/us/carr-fire-ar-ul.html.

合,支持多角度浏览,无需辅助设备,只需要通过滑动鼠标即可看到一个空间的所有角落。这种报道形式可以引导用户移动空间的顺序,从而提供了许多种框架和引导故事的可能性。

三、算法助力新闻"为你"个性化精准推送

人工智能技术的运用也实现了新闻"为你"个性化推送。互联网的交互性特点使得传统媒体的"受众"身份转为"用户",这种身份的转变,其特点在用户的主动权和话语权增加,使得媒体不得不重新树立以"用户"为中心的生产理念。自 2015 年起,《纽约时报》一直在致力于"算法"的运用和提升,2016 年起,为了适应全球化传播时代的"分众"要求,《纽约时报》实现了"地理定位导向的个性化",根据访问者的地理位置和时区进行个性化内容推送①。2017 年,《纽约时报》开始了一系列小型实验,目标是在根据用户的各种信号(例如过去的使用行为、位置或时间)为个人读者订制新闻。2018 年 5 月,《纽约时报》推出了"您的每周版",使用编辑策展和算法的混合方法,推送给每位用户量身定制的实验性新闻时事简讯。2019 年 6 月中旬,纽约时报开始突出其个性化新闻的功能,推出了新的应用"为你"(For You)。"为你"成为个性化努力中的一个里程碑式转折点:更前沿、更中心,让读者对自己最感兴趣、更有意义的内容一目了然②。2017 年,《卫报》在 2017 年 10 月进行了一次突破,其移动创新实验室推出了一款名为 Lab Rdr 的应用,它的主要功能就是推送离线新闻。

---

① 史安斌,胡宇.《纽约时报》全球战略的经验与启示[J].青年记者,2018(25):85—87.
② 陈昌凤,宋云天.算法时代的媒体策略:个性化新闻及其论争[J].新闻与写作,2019(8):54—58.

用户即使在没有网络的情况下，依然可以根据自身的阅读兴趣获得新闻推送。用户可指定新闻推送时间，Lab Rdr 会根据用户的阅读习惯为其提供感兴趣的内容，使推送的内容更加精准。

第四节　多元平台分发机制

面对脸书、油管等新型媒体形态的冲击，传统媒体普遍选择尝试利用自建平台或对接平台进行突围。以实现将传统媒体的内容品牌优势与互联网互动传播优势的联合。对新闻机构和个体新闻记者而言，平台所能覆盖受众的数量级和针对性具有最大价值。脸书上的每月活跃用户量为18.6亿，推特是 3.13 亿，Whats App 是 12 亿，平台的连接力只会不断增加。社交平台的影响力形塑了新闻业本身。通过引导新闻机构提供特定类型的内容，或者制定相应设计标准以管控新闻发行，这些平台成了实实在在的"编辑"。[①]

一、打造适应平台传播的新闻分发体系

根据 ORA 统计的全球媒体权威中心性排名，全球 395 家媒体中，《纽约时报》国际社交网络影响力排名第一，其他前五位的媒体是路透社、美联社、美国有线电视网（CNN）、英国广播公司（BBC）。[②]由此可

---

① 骆世查.硅谷如何重塑新闻业——哥大新闻学院 Tow 数字新闻中心"平台新闻业"报告[J].
　新闻记者,2017(7);34—44.
② 相德宝,张文正.新媒体时代全球媒体传播格局及其社交网络影响力研究[J].当代传播,
　2017(4);45—48.

见，在当下的社交网络传播中，美英的主流媒体依然掌握着极大的传播话语权。

以《纽约时报》为例。《纽约时报》在 2012 年开始便要求所有记者使用社交媒体，深入了解社交媒体的功能。2017 年 2 月 26 日在美国洛杉矶举办第 89 届奥斯卡颁奖礼时，《纽约时报》通过其在推特和脸书等社交媒体的账号，实现了对现场活动的即时发布，将音频、视频、图片、文字融为一体，为读者提供立体化新闻。①此外，《纽约时报》借助社交媒体扩展了传播效果。2014 年春，《纽约时报》推出"The Upshot"栏目，该栏目针对政治经济领域，主打交互式数据新闻，致力于通过"交互设计"内容呈现，为受众生动解释财经新闻背后的来龙去脉，直观易懂，在社交媒体推特上引起热议。②2015—2016 年间，《纽约时报》通过与脸书达成内容推广合作，使其网站流量增加 14％—16％。提升了传播效果与收入。仅脸书的直播项目，报社每年就能获得 300 万美元的收入。截至 2016 年 12 月，该报直播视频在脸书的浏览量达 1 亿次。③

以 BBC 为例。传统媒体时代，BBC 占有广播和电视台等平台优势。面对新媒体平台发展，拓展新的内容分发渠道成了 BBC 在媒体融合中发展的重要战略。一方面 BBC 积极适应社交平台。BBC 在 Instagram 上推出 BBC Shorts，参与脸书 live 的直播项目等，在不同社交平台分发内容。另一方面，在新的传播生态环境下，BBC 着力打造移动传播矩阵，同时入驻不同社交网络平台，生产与之相匹配的媒体产品。如 BBC News

---

① 周翔,王卿.互联网思维下西方媒体转型与国际传播新路径[J].今传媒,2018, 26(5):13—17.
② 陈晓军,王鹭."交互设计"理念下新闻生产的蝶变与启示——以《纽约时报》为例[J].传媒, 2020(9):94—96.
③ 苏衡,严三九.《纽约时报》的创新与启示[J]当代传播,2018(2):103—107.

App 新闻客户端；互联网音视频点播服务——i Player 客户端。据 2016 年通信管理局（OFCOM）的数据，2015 年末，有超过 1/3 的英国人使用 i Player，领先于 Sky 的电视平台和基于网络的 Netflix，这两个平台的使用率均为 16%。成为 BBC 成功的电视创新举措。面对多平台传播的需求，BBC 提出了"360 度"的概念——BBC 要求无论是在内容策划，还是在节目制作中，都必须做到同时考虑到广播、电视和网站各个平台的需求以及固定设备和移动设备的需要。以 BBC 商业视频栏目的节目为例，相关视频由记者和编辑采集制作后，需要考虑作品在多个平台上发布，包括脸书、BBC 新闻网以及 BBC TV，甚至出现在 Snapchat 上，以游戏的形式和观众进行互动。在 2017 年英国大选期间，BBC 新闻、《每日邮报》、《卫报》广泛地使用利用在线平台的视频、超链接和推特帖子进行新闻发布，呈现出多平台混合传播的形态。记者与政治精英、受众间可以进行广泛的互动，呈现出复杂的、混合的传播方式。①

以"今日俄罗斯"为例。"今日俄罗斯"不是简单将传统频道上播出过的节目移植到互联网上，而是利用网络信息过滤较传统媒体宽松的特点，上传了大量话题尖锐、冲突明显的视频内容吸引受众眼球。②"今日俄罗斯"在推特、脸书、油管、Google＋等社交网站以及 Instagram 图片分享网站上都开设了自己的账号，累计打造了 21 个从内容到定位皆不尽相同的网络"频道"以实现对受众的精准传播，有的是面向特定地区，有的是使用

---

① Harmer E., Southern R. Is Digital News Really that Digital? An Analysis of How Online News Sites in the UK use Digital Affordances to Enhance Their Reporting[J]. Journalism Studies, 2020, 21(16): 2234—2248.

② Nelson E., Orttung R., Livshen A. Measuring RT's Impact on Youtube[J/OL]. Russian Analytical Digest, 2015[2022-02-15]. http://connection.ebscohost.com/c/articles/111990899/measuring-rts-impact-Youtube.

特定语言,有的是专注于特定的节目类型。根据美国皮尤研究中心数据显示,2013 年"今日俄罗斯"在推特上的浏览人数就已经达到了 10 亿人次,FOX 新闻频道仅次于它位列第二。2014 年,"今日俄罗斯"已经上传了 1.5 万多个视频到推特网页上,大概有一百多个视频分别获得了超过 100 万的浏览量。"今日俄罗斯"不仅成为了推特最大的新闻供应商,而且每年来自推特的收入超过 150 万美元。

二、重组新闻内部生产流程

以 BBC 为例。BBC 是世界电视媒体最早进行融媒体改革的媒体,其原因是节省开支,由此率先实行"一次采集、多次分发",实现新闻素材采集成本的下降和节目资源利用最大化。从物理空间上,BBC 使用能容纳两千多个工作人员的大办公区;在媒体业务上,BBC 打通了电视、广播和新媒体之间的联系,实现节目在不同渠道的再造,保证资源共享;在采编工作中,BBC 通过顶层设计成立"记者＋设计者＋开发者"为一体的报道小组,最大程度上确保了内容生产的质量。[①]此外,BBC 建立了资源共享平台即用资源库的形式联系起分散在各地的小平台。可以拓展国际媒体与地方媒体之间的联系,借助地方媒体资源整合信息、与用户建立联系。2018 年,BBC 主导发起本地新闻合作计划协议(LNP),为英国 90 多家媒体提供连接,使得媒体间可以进行资源共享。共享平台密切了媒体之间的联系,让信息更高效地在各家媒体之间流动,提高了媒体的内容获取效率。

①　舒宏志,王艳丽.BBC 融媒变革对电视传媒转型启示[J].新闻前哨,2020(6):41—42.

以 CNN 为例。自 2013 年开始，CNN 将网络部门与新闻内容生产打通，进行结构和功能优化。2016 年，CNN 进一步对内部人员进行强力洗牌，先后建立新媒体数字新闻采集节目部、数字新闻编辑部、数字产品部三大部门，通过融合转型，建立了符合新媒体传播规律、具有强大行动力的新媒体运作机制。截至 2016 年 4 月，CNN 新媒体在美国市场单月表现稳居 6 个第一：多平台独立访问量（Multi-platform Unique Visitors）第一，9 300 万次；多平台总浏览量（Multi-platform Views）第一，16 亿次；各平台访问时长总量第一，31 亿分钟；视频播放次数第一，2.36 亿次；视频播放时间第一，17 亿分钟；社交媒体总量第一。①

以《华尔街日报》为例。《华尔街日报》作为美国付费发行量第一的日报，率先进行了媒介融合与组织架构调整。1996 年，《华尔街日报》建立网站 WSJ. Com，开始了互联网发展。2006 年，《华尔街日报》设立大编辑部——"消费者媒体集团"，强化以受众、客户为中心的服务意识，推动编辑部的内部融合。2008 年，《华尔街日报》重组编辑部，将报纸与在线新闻生产并重，且促进了纽约和全世界的日报印刷、网络和新闻社记者的合作。2010 年，《华尔街日报》建立"数字第一"的全球编辑部，将"数字新闻"作为核心内容，通讯社、WSJ.com、移动平台和社交媒体作为主要渠道，并且围绕新变化重新组织编辑部在全球分布、新闻生产人员构成及采编业务流程。②《华尔街日报》由此基本实现了从传统报业向在线媒体转型的改革。

①　罗自文.数字化时代美国 CNN 的战略转型与融合变革［J］.中国广播电视学刊,2021(11)：70—73.
②　张利平.用户思维、平台整合与媒介跨界融合——《华尔街日报》媒介融合实践及启示［J］.东岳论丛,2017，38(8)：80—86.

三、专业化的平台细分吸引专业受众

《透视俄罗斯》(Russia Beyond)以文化类内容吸引新媒体平台粉丝。《透视俄罗斯》与"今日俄罗斯"电视台同属"新闻电视"(TV-Novosti)集团,原为俄罗斯政府机关报《俄罗斯报》2007年启动的具有一定影响力的多媒体对外传播项目,原名为《焦点新闻外的俄罗斯》,是一个向世界受众展现俄罗斯国情的项目,在运作上主要以报纸为基础,创立之初将受众定位为受过高等教育、生活富足和社交活跃的群体。2016年开始改革,名称改为《透视俄罗斯》,不再专设时政新闻报道栏目,而是从文化视角入手,展现并解读俄罗斯艺术、绘画、民俗、旅游等内容,从2017年底停止了海内外全部纸质产品的发行,转型为新媒体项目。目前,Russia Beyond的网络门户包括生活方式、文化、旅行、教育、商业、历史、科学与技术、饮食等8部分内容,形式以视频和图文为主,提供14种语言的网页服务,并且在脸书上拥有超过220万粉丝,在Instagram上拥有超过150万粉丝。[1]

CNN不断开发垂直移动应用来寻找专业化数字受众。据ComScore提供的数据显示,CNN的绝对访问量平均每月要超过1亿。CNN的战略目标是通过垂直网站将这些受众重新分割,如创建"CNN金融"(CNN Money)、"CNN科技"(CNN Tech)、"CNN政治"(CNN Politics)、"CNN时尚"(CNN style)。[2]以金融信息移动应用CNN Money为例,其目标受众

---

① 李军.提升软实力传播的新媒体实践——以透视俄罗斯(Russia Beyond)转型为例[J].网络传播,2018(9):92—93.

② 张建中.多平台战略:CNN的数字化转型与创新实践[J].中国电视,2017(9):99—105.

是那些特别对商业、金融和经济新闻感兴趣的人。该应用程序不仅为用户提供新闻提示，而且会让用户更深入地挖掘他感兴趣的内容，不管是公司、市场，还是商界重要人物。该应用程序的主要特征是通过定制化的信息，让用户接受顶级商业公司、商界领袖，以及市场的最新消息。用户不仅可以看到来自"CNN 金融"网站的商业信息，还可以获得其他第三方商业媒体的信息，像彭博社、《华尔街日报》《金融时报》等财经类媒体的相关新闻。

半岛电视台致力于区域化线上内容在全球年轻群体中的影响力。半岛电视台将阿拉伯语、英语、西班牙语、法语频道等打造为 AJ＋在线媒体（新媒体短视频服务），通过集群式的、社交式的打造，根据全球年轻人的偏好制作、传播富含社交基因的内容，增强其在年轻群体中的影响力。半岛电视台的新媒体充分嵌入播客这一特殊的传播形式，发挥数字广播容易下载、携带方便、音效环绕、收听自由以及"人人都是播客"等优势，增加同一内容的不同侧面、不同视角，弥补传统广播电视的不足，增强新媒体的影响力。半岛电视台还全力打造国际社交媒体账号，截至 2021 年 4 月，半岛电视台已经在油管、脸书、推特和 Instagram 的账号上拥有数亿粉丝。①

第五节　人才运营保障机制

一、为内容付费，为用户提供定制服务

《华尔街日报》和《纽约时报》分别代表了美国专业财经媒体和综合类

---

① 车南林，蔡尚伟.半岛电视台国际传播能力建设的方法与启示[J].电视研究，2021(8)：
89—92.

媒体实施"付费墙"的典型案例。至 2015 年美国已有 70% 的报纸实行"付费墙"①。自 2011 年起,《纽约时报》建立付费墙,宣布对数字新闻内容收费。2018—2020 年,纽约时报公司连续三个年度实现扣非后归母公司净利润超过 1 亿美元。2020 年度订阅收入同比增长 10.3%,达到 11.95 亿美元。2020 年度广告收入 3.92 亿美元(其中数字广告收入占广告收入的 58%)。付费订阅收入已远超广告收入,占到了公司总收入的 67%。该报依靠核心产品订阅获取收入的战略模式得到了初步验证②。而《华尔街日报》自 1997 年起开始设置"付费墙",2008 年开始对移动业务收费,之后,《华尔街日报》不断通过精准运营优化付费模式,至 2018 年,《华尔街日报》已经可以针对用户阅读设备、地理位置等六十多项用户指标进行分析,然后通过分层模式吸引不同类型的用户付费订阅,为用户提供定制化体验③。

英国《卫报》付费项目则针对阅读体验和阅读权限。与美国媒体的"付费墙""付费订阅"模式不同,《卫报》将核心内容"独立调查报道"设为免费开放阅读。付费项目包括可以享受不受数字广告干扰、及时获取突发新闻、浏览用户评论与意见、享受离线阅读体验和在线字谜游戏等高阶服务以及开放所有数字终端阅读的权限。此外,《卫报》还特别开设了打赏模式,读者可以自愿选择定期支付或一次性支付,实现了优质内容、用户情感与品牌信任的连接。2020 年,《卫报》数字收入占总收入的一半以

① 陈虹,秦静.数据新闻的历史、现状与发展趋势[J].编辑之友,2016(1):69—75.
② 孙志刚,吕尚彬.《纽约时报》付费墙对中国报纸的启示[J].新闻大学,2013(3):109—114.
③ 曾祥敏,潘九鸣,王俐然.理念、要素、规律:国际主流媒体融合创新研究[J].新闻与写作,2020(4):50—58.

上(55％),远远高出《纽约时报》的同期数字化转现率(40％)①。

二、开发全套产业,合作构建品牌传播矩阵

美国探索频道(Discovery)瞄准市场需求,进行全套产业开发。Discovery的定位是面向主流节目市场,这样才能保证高投入、大制作之后的经济效益。为了实现这一目标,每项投资他们都进行科学的前期调研:节目的订户需求、广告销售、版权购买等。然后以Discovery频道为源头进行产品的制作和播出,同时达到培育产品市场的效果。如果前期达到预期目标,就用同样的素材,进一步生产出衍生产品,如音像制品、图书期刊等。这些衍生产品的开发与推广都是其产业链的重要组成部分,通过旗下的Discovery互动多媒体、Discovery在线、Discovery出版社以及网上的虚拟商店,以Discovery为优势品牌进行捆绑销售以扩大市场份额,实现商业利益最大化。在全套产业的开发整合中,Discovery还特别注意无形产品的开发,Discovery的旅游、探险等节目还策划现场体验的主题活动,通过Discovery媒体的大力宣传、精心策划吸引了众多户外运动爱好者和普通消费者的参与,大大增强Discovery品牌的认同度②。探索传媒集团2008年在美国纽约上市,成为美国第一个纪实传媒集团。此外,还有大量资金不断进入,全球著名报业《纽约时报》曾经投入1亿美元收购其旗下的"探索·人文"(Discovery Civilization)频道的股权。

---

① 焦德波.媒体融合趋势下报业发展模式探析[J].青年记者,2021(16):82—84.
② 刘新传.美国纪录片国际传播运营策略分析[J].中国记者,2014(7):98—99.

"今日俄罗斯"积极与中西方媒体互动,打造品牌并开拓海外市场。2016 年,"今日俄罗斯"与三星 VR 开展合作,推出"今日俄罗斯"360 全景视频内容,仅两周时间 Oculus 商店里的视频就被下载了 1 万余次。"今日俄罗斯"还积极开拓海外媒体市场,在中国通过中文版网站及微博、微信等媒体平台进行广泛传播,并先后与美国《赫芬顿邮报》、澳大利亚网站 News.com.au 等知名媒体以及国际事件解密网站 WhatReallyHappened.com 开展合作[①]。此外,"今日俄罗斯"还通过参与世界各地的电视节目评比来打造国际品牌形象。"今日俄罗斯"经常与 BBC、CNN 等西方媒体共同参与世界各地的电视节目评比,以此向西方社会表明,"今日俄罗斯"并非离经叛道者,它在产品质量、人文关怀、社会责任等领域和 CNN、BBC 等一样,努力追求最高水准。从 2007 年开始,它们制作的新闻报道、纪录片、推介广告等作品开始赢得享有新闻"奥斯卡"之称的艾美奖的评委及蒙特卡罗电视节、纽约电视节和墨西哥新闻俱乐部等世界各地新闻传播组织的关注,并不断获得褒奖。

三、吸纳本土人才,培养专业人才

"今日俄罗斯"吸纳本土化优秀人才,以"面孔"优势打入当地市场。2010 年,"今日俄罗斯"开设"美国台",不惜重金延聘世界各国的知名主播、编辑和制作人加盟,在话题设置上致力于本土内容和国际化新闻的平衡,美国频道全天的电视节目中基本看不到俄罗斯人的身影。2013 年,CNN 前王牌主持人拉里·金加盟"今日俄罗斯",还曾邀请维基解密创始

---

① 李可宝.从"今日俄罗斯"看俄罗斯媒体国际传播策略[J].学术交流,2019(8):177—186.

人朱利安·阿桑奇担任《明日世界》节目主持人，英国《泰晤士报》曾报道称，"在美国 CNN 工作 25 年的最著名的电视访谈主持人拉里·金叛逃到了俄罗斯"。"今日俄罗斯"利用本地知名、热点人物进行有质量的议题设置，极大地提高了节目内容的关注度。此外，"今日俄罗斯"大胆起用年轻人才。2005 年 12 月 10 日，"今日俄罗斯"电视台开播时，年仅 25 岁的西蒙尼杨即被任命为总编辑，2013 年，她又成为整合后的"今日俄罗斯"的总编辑。"今日俄罗斯"电视台的员工平均年龄也在 30 岁以下。通过大胆使用年轻人，可以摆脱传统国有部门中僵化的思维和管理方式，对外塑造其年轻独立的形象。正所谓"初生牛犊不怕虎"，刚成立三年，"今日俄罗斯"就在俄格冲突中大胆挑战 CNN、BBC 这些顶级的世界媒体，逐步扩大其世界影响力。

半岛电视台开设课程提高新闻从业人员媒体技能以及培养后备国际传播人才。半岛电视台重视国际传播能力的持续提升，2004 年成立陆续建立了 AJ-M-I 研究部门。提高从业人员国际竞争力，AJ-M-I 开设了技能层次的课程以及在线学习、媒体建议等专栏；开辟了新闻杂志、新闻评论、出版物等。这些课程、专栏、杂志、评论、出版物，坚持服务于 AJ"意见与其他意见"使命，支持从业人员追求真相，给从业人员尤其是全球南部地区的媒体从业人员，开启了"全球讨论的大门"，让他们能够尽量解决结构性挑战影响其报道类型有限的问题，解决在几乎没有数据可用的情况下执行数据新闻的问题，解决在专制环境下工作依然要保持自己独立性的问题。此外，为了提高非媒体从业人员的媒体技能，提高全民国际传播能力，AJ-M-I 在网站、App 等推出各种课程，这些课程既包含与传统电视相关的课程，也包括社交媒体运用、手机拍摄、数字内容制作等相关课程。

　　为了提高青少年的国际传播意识和能力,培养后备人才,AJ-M-I通过教育类App开发了专门针对青少年媒体素养的课程,这些课程包括手机摄影、青少年出镜主持人、青少年发言人等不同的课程。

　　《纽约时报》培养全能型传媒从业人员。在《纽约时报》转型发展的过程中,一直强调旗下员工的"复合化"素养,即全能型传媒从业者。《纽约时报》对记者的要求是,不仅能够熟练使用传统方式方法采写新闻,使用包括摄像机、照相机以及录音机在内的视听设备,同时,能够结合报网的具体特点,编辑出符合不同平台要求、可正常发布的新闻。①

---

① 黄佳楠,新媒体环境下欧美媒体融合路径研究[J].中国报业,2020(7):101—103.

第五章
国内新型主流媒体国际传播经验借鉴

第一节 真实力量:多维度构建媒体公信力

公信力是我国新型主流媒体在国际范围内可持续发展的基石。公信力既是媒体建立与受众之间信任的基础,又是衡量媒体报道可信度和可靠性的重要标准,使媒体具备更大的影响力和引导作用。我国新型主流媒体高度重视公信力的建设,通过坚持真实、客观、公正的原则,提供可信、可靠的报道,积极回应社会期待,以赢得受众的支持和认可。同时,媒体自身也始终严于加强自律,建立健全的内部管理机制,提高编辑、报道和评论的专业水平,确保媒体的公信力能够得到有效维护和提升。新型主流媒体公信力的评估可被视为"权威性""新闻生产与播发能力"和"社会支持"三个方面。①

---

① 强月新,胡阳.平台化视角下新型主流媒体公信力评估指标体系建构[J].当代传播,2023(4):18—23.

一、充分发挥新型主流媒体权威性优势

一方面,我国传统主流媒体机构,如新华社、《人民日报》以及中央广播电视总台等通过长期报道和信息传递,赢得了良好声誉与公众信任。其媒体从业人员则通过长期实践积累了丰富的经验、专业知识,遵循严格的新闻报道标准和道德准则,报道前对信息进行深入研究和事实核实,从而提供准确、客观、全面和公正的新闻报道。另一方面,我国主流媒体机构通常拥有广泛的报道资源和访问渠道作为新闻和信息来源,能够通过国内外记者网络、采访团队、专家联系等更快速地提供更全面、深入和多角度的报道。

在新媒体环境下,主流媒体的优势能够转换为丰富的内容求证能力、信息纠错能力、客观报道能力等方面,有助于其权威性优势进一步转化并被运用于国际传播的实践当中,通过独立、客观和负责任的报道方式更快抢占舆论高地。

二、广泛调动资源全方位生产与分发

新型主流媒体在内容生产层面,运用文字报道并结合多媒体元素如图片、视频、音频等来增强报道的丰富性和吸引力,通过实时报道和直播功能,将新闻事件的发展实时地传递给读者,让读者在第一时间获取最新的新闻动态。在内容分发层面,在充分理解报纸、广播、电视、网络和新媒体等多重媒介形态下国外媒体的受众习惯与媒体文化,积极利用各类电视台、新闻网站、社交媒体平台和移动应用程序等来扩大新闻的传播范围。

以 2022 年 10 月中央广播电视总台(以下称：总台)对党的二十大的报道为例。总台国际视频通讯社向全球媒体发布党的二十大开幕会等共12 场直播信号和大量新闻素材,通过全球 133 个国家和地区的 1 818 家电视台及其新媒体平台转播总台进行报道。其中,在西方国家媒体的传播成为亮点：美欧地区共 950 家电视台采用总台提供的直播信号和大量新闻素材进行转播报道,占转播报道电视台总数的 73%。总台还通过各种方式如直播连线、发表署名文章等,在 BBC、英国天空新闻台、彭博社等西方主流媒体广泛发声。CGTN 发布的"二十届中共中央政治局常委同中外记者见面"英语、法语、西班牙语直播特别节目,均冲上谷歌视频搜索第一位。此外通过总台记者在海外媒体发声、开设交流论坛、创作多语种产品、与低媒体覆盖率国家合作推出合作报道专栏等方式扩大二十大报道的覆盖面,①既对党的二十大起到良好的对外传播效果,实现了对党代会主题报道海外最大覆盖面、最大转播转载、最大触达规模等多项突破,也大大拓展了国内媒体对于党代会主题报道的思路,值得各级媒体在未来进一步借鉴。

三、主体创新：社会动员参与国际传播

启用高校等社会力量,广泛听取国际传播新思路和采纳新建议,以及鼓励全员参与国际传播,是在国际传播中非常重要的策略。这种做法有助于拓展传播渠道、增加多样性、提升传播效果和影响力。在国际传播

---

① CMG 观察微信公众号. 覆盖全球所有国家和地区！252 亿人次！总台党的二十大报道刷新多项传播纪录[EB/OL]. 2022-10-27. https://mp.weixin.qq.com/s?__biz=MjM5MTEx-MTMwOQ==&mid=2705845258&idx=1&sn=905de4988c4f2a3dd72c4cf3a1d4bf70&-chksm=8209cde8b57e44fec4f4fecf94e1b8d8d5b76cbd8ecc5efdd8f92092cae2e89c90c77eaea489&.

中,政府和媒体可以与高校等社会力量合作,共同参与文化交流和翻译工作。例如,河南省委外事委与多所高校合作开展"翻译河南"工程,通过联合高校参与主题丛书的翻译工作,将河南的功夫、太极、文物、古都等文化推广到孔子学院、海外文化中心、国外友好城市和驻外使领馆,有效地扩大了传播受众和影响范围。

类似地,不少地方广电传媒集团也充分利用自身资源,成立国际传播平台,以英语等国际语言报道地方新闻,增加了地方新闻的国际传播渠道,让更多的国际观众了解当地动态。此外,结合地理条件和民族语言优势,联合举办国际性杂志,例如新疆维吾尔自治区对外文化交流协会和哈萨克斯坦国家图书馆合作的哈语杂志《友邻》,能够更好地将相关内容传播到风俗文化和语言习惯近似的邻近国家,增进了相互了解和友谊。通过这些措施,政府和媒体可以借助高校和其他社会力量的支持,更加广泛地传播信息,提高传播的精准度和针对性,增强了对外话语体系的构建和国际传播的影响力。[1]

四、他者讲述:国际视野以加强说服力

鼓励外国友人参与发声,利用他者视角讲述中国故事,是加强对外传播亲和力和说服力的重要方式。如吉林省政府新闻办主创纪录片《科恩眼里的中国》采取科恩第一人称叙事,讲述美国85岁的电影导演科恩重走1957年中国采访路线的故事,以科恩的视角客观记录了中国百姓的生活,反映中国半个多世纪来的巨大变迁,以及科恩对当代中国和世界的观

---

[1] 段鹏.当前我国国际传播面临的挑战、问题与对策[J].现代传播(中国传媒大学学报),2021,43(8):1—8.

察和思考;①再如重庆国际传播中心、新世界出版社共同主办《凯哥日记》,收录新冠疫情防控期间,加拿大籍重庆外国语学校教师王凯的 60 篇抗疫日记,从在华外国人的视角记录隔离生活、讲述防护知识等,加拿大有线新闻台也进行部分连载。第三者视角的引入不仅能客观真实地反映事实原貌,同时有利于降低宣传意味,是近年来国家级和地方级媒体进行对外传播的有效手段。

第二节　文化内核:包装传统的跨文化传播

在新媒体语境下,新型主流媒体以跨文化传播为主轴,将中国文化与现代数字技术相结合,生发了许多以各类形象为载体的中国文化国际传播策略,这些传统产品具有十足的地方文化特质,通过电视纪录片、综艺节目、线下活动等多种方式包装,呈现在国际视野中。这类媒介产品创新传播与交流方式,同时减少了跨文化传播过程中由于文化差异、知识水平、语言习惯等方面不同而造成的理解障碍。

一、以地域特色为抓手,打造中国城市 IP

中国幅员辽阔,地大物博,在国际传播中拥有丰富的可开发资源。随着中国大国实力的提升,其代表城市也不仅仅局限于北上广等一线城市,

---

① 陈哲敏,解庆锋.讲好中国故事的国际化叙事策略——以纪录片《科恩眼里的中国》为例[J].新闻爱好者,2018(4):68—71. DOI:10.16017/j.cnki.xwahz.2018.04.017.

新兴一线城市及二三线城市也逐渐登上国际舞台,凭借自身地域特色大放光彩。熊猫作为中国的国宝和文化图腾,代表了中华民族的独特精神和价值观。成都市广播电视台聚焦国宝熊猫题材,2017 年起联合成都市广播电视台新闻综合频道承办"'熊猫小记者'全球追访'一带一路'大型公益新闻接力行动",参与国家包括德国、法国、波兰、意大利等,从而有效地加强了"一带一路"沿线国家青少年之间的沟通交流,充分传递中国文化的风采。

回望五千年来的中国文明史,文物彰显了中华文化博大精深、坚固厚实的文化根基。然而,只有将文物中蕴含的文化精髓提炼出来并有效地传播,才能更好推动中华文化走出去。2021 年 3 月,三星堆考古新发现引发全球社会极大关注。三星堆文化的国际传播,不仅可以让大众透过文物感受厚重的三星堆文化,还可以通过虚实结合的多元传播方式,对传统文化进行萃取、提炼,以实现文化意义的再生产,让全世界、全人类一起探索远古文明,对今日之文化建设、文化遗产的保护、文化智慧的传递与共享都具有重要作用。2021 年 3 月 20 日,由川观新闻、四川省文物考古研究院、三星堆博物馆联合推出特别策划——"How pretty I am"(中文译名《我怎么这么好看》)MV,以方言说唱等年轻化、二次元化的亚文化传播元素赋予文物灵动个性,受到海内外媒体和网友喜爱,引发刷屏。这些举措对于坚定文化自信,让世界更好地了解中国历史和中华民族精神,不断加深海外受众对当今中国的认知和理解,为中国营造良好的国际舆论环境起到了积极作用。

近年来,成都更是以外语媒体建设为抓手,"造船出海",抢滩国际互联网,建成覆盖网站、杂志、电视、社交平台、智库等多形态的国际化、专业化、差异化的外语传播矩阵。其中最具有代表性的就是成都市委宣传部及成都传媒集团合作创立的杂志 *Hello Chengdu* 及成都广播电视台打造的外语短视频专栏 Chengdu Plus。Chengdu Plus 制作的英语短视频《中国高铁有多快？高铁上点外卖能收到吗?》，在油管观看量已超过65 万次。近年来，成都作为地方媒体，结合受众想听、想看的故事，有效地利用国际受众熟知的文化符号，如熊猫、文物、方言、火锅等，积极融入移动化的社交平台，向中外展示丰富多姿的天府文化。

二、打造中华文化精品力作，弘扬中国传统文化魅力

内容创新是提供文化持续发展和进步的内生动力。中华文化历史悠久，源远流长，是我国新型主流媒体进行国际传播的宝藏。长久以来，河南广播电视台始终坚持"文化兴台"战略，深耕传统文化垂类，形成了以《梨园春》《武林风》《华豫之门》为代表的文化节目群，塑造了河南卫视的"文化中国"定位。近年来更是依托"中国传统节日"及"二十四节气"，深入挖掘能够代表中华文化的特色元素，制作播出《"中国节日"系列节目》《"中国节气"系列节目》《舞千年》《中国有好菜》《中国发明》等节目，打造中华文化走出去的精品视听力作，擦亮传统文化走出去的闪亮中国名片。

具体来说，"中国节日"系列节目在持续弘扬优秀传统文化、提升文化自信的同时，通过创新的表达方式向世界传播中国传统文化，引发了全球对中国文化的高度关注。2022"中国节日"系列节目七场晚会海外直播和浏览量累计超 1 710 万次，我国驻美国、日本、加拿大等 58 家使领馆对系列节目进行了推介，我国驻巴基斯坦、布鲁塞尔等 30 多个国家和地区的

海外文化中心、旅游办事处在其海外平台推送了相关节目,使系列节目在海外传播时形成了一股弘扬传播中国传统文化的热潮。"奇妙游"系列短视频在外网纷纷转发关注,提高了中国文化的影响力、美誉度,增强了全球华人对中华民族的民族认同感、自豪感和凝聚力,并在海内外掀起汉服热、国潮风。"中国节日"系列节目还收到来自日本、泰国、北美等多个国家和地区网友的点赞、转发和众多评论,不少网友表示"一半诗意一半烟火,2022 中秋奇妙游再续 IP 精彩""神仙节目又上新"。同时,结合当下互联网实时热点话题、海外观众审美喜好等方面,巧妙地将古风穿搭、说唱 Rap、二次元等元素融入到节目策划中,主动邀请国外人士、青年网红为节目录制创意视频,提升"中国节日"系列节目海外传播的吸引力、感染力,让更多海外受众通过喜闻乐见的形式,沉浸式地领略中国上下五千年深厚的文化底蕴,激发海外受众对中国传统文化的热爱,增强中国传统文化的国际影响力。①

此外,河南卫视更是将前端技术进一步投入传统文化的形式创新当中,先后推出《洛神水赋》《唐宫夜宴》《国色天香》等中国风舞蹈,制造了令人震撼的视觉效果。2021 河南卫视春晚视听节目《唐宫夜宴》,将中华民族底蕴深厚的传统文化元素融入表演的妆容、服饰、道具等内容中,并运用 5G+AR 的技术创造沉浸感。2022 河南卫视再度春晚推出舞蹈《国色天香》《灯笼红》等,展现白居易、狄仁杰、牡丹仙子等中华元素,在海内外激起强烈反响,充分证明蕴含着中华历史底蕴的传统精粹在当下依然能迸发出强大而持久的吸引力和感染力。②

---

① 张方.河南台持续"破圈传播"的文化现象和创新模式透视[J].传媒,2023(3):24—26.
② 侯迎忠,玉昌林.2021 年中国对外传播实践创新与未来展望[J].对外传播,2021(12):13—17.

三、以跨文化传播为抓手，融通中外话语体系

跨文化传播的视角，是为了解除人们成长于其中的文化所带给他们观念的绝对边界，以解释不同文化背景人群的互动过程与意义。为了在文化交流的过程中尽可能地减少文化冲突，增强文化认同，许多媒体注重跨文化的沟通策略。我国国际传播正日益重视"一国一策"的原则，根据不同国家和地区的视听内容消费习惯，优化内容供给，以满足当地观众的需求。这种定制化的策略在全球范围内取得了积极成效。以吉林广播电视台探索为例，由于俄罗斯民众热爱音乐，吉林广播电视台与俄国媒体合作推出了《俄青年云歌会》，这种文化合作不仅增进了两国之间的交流，还满足了俄罗斯观众对音乐内容的喜好。此外，吉林广播电视台将音乐主题电视剧《蜗牛与黄鹂鸟》发行到俄罗斯国家电视台文化频道，也为我国电视剧在俄罗斯市场的推广提供了有力支持。如今在东南亚地区，中国现代题材剧的本土版逐渐流行起来。湖南广电旗下芒果 TV 与泰国电视台的合作制作《杉杉来吃》不仅在泰国国家电视台播出，还赢得了该时段的收视冠军。此外，还有反映中国都市生活的剧集，如《三十而已》和《欢乐颂》，在日本、韩国等国家受到了热烈欢迎。这些剧集的成功，不仅展示了中国都市文化的吸引力，也证明了中外文化之间的共通性。

此外，为了消除文化隔阂达到更好的跨文化传播效果，我国的广电制播和发行机构加强文艺作品的译配工作，以提升国际传播效果。截至2021 年底，国家广电总局已经组织了译制了 10 余部 26 万多小时的中外合拍影视作品，这些作品通过译配和传播效果评估，有效地提升了中国文艺作品全球传播效果。同时，相关播出制作机构还在三个国家开设了八

个"电视剧中国化本土化语言配音中心",初步打造出国际传播品牌,作品如《山海经》《三十而已》《大江大河2》《海上牧云记》等目前已经在国际市场取得了积极反响,为我国影视作品的海外传播贡献了力量。纪录片的国际传播也取得积极成效,如《一脱贫攻坚人物志》《美丽乡村》《点击新额》等在海外播出都取得了较好的收视效果。如今,国际传播效果评估也已经展开,如芒果TV国际版App在海外加强了用户分析,通过了解海外用户需求,适时调整传播策略,以更好地满足观众需求。新疆广播电视台也通过依据社交平台评论加强调研反馈,提升作品在海外的传播热度。

第三节　生态文明:发掘全球共同关注话题

发掘以生态文明为代表的软性话题,从人与自然的和谐相处、社会的良性运行、城市建设与城市环保等全球共同关注的主题出发,在国际传播中有助于最大程度降低文化折扣,引发全球范围内受众的共同关注,同时淡化政府主导和宏大叙事所带来的强意识形态色彩,超越文化差异、语言差异和意识形态差异,最大程度扩大传播范围和提升传播效果。

一、通过对话与共鸣,在人与自然中寻求情感共鸣

在全球化的叙事中,跨越文化差异并实现有效的沟通和理解变得至关重要。如今,"强烈的情感承载"是媒介化社会的显性特征之一。根据

油管的数据显示,75％的成年用户主要在平台上寻找的是更具情感倾向的怀旧类内容(nostalgia),而非专业知识或信息类新闻,这也在一定程度上呼应了社交时代情感性跨媒介叙事广泛兴起的传播现象。真实内容、视觉感知和情感共振可以作为突破文化差异的有效手段,从而打破传统的文化壁垒。利用视觉元素是一种直观的传达方式,具有超越语言和文字的能力,能够在跨文化交流中起到重要的桥梁作用。情感共振则是通过情感和情绪的共鸣来建立起人与人之间的联系,使不同文化间的交流更加真实、深入和有意义。

2021年云南野生亚洲象群北移南归可谓是轰动全球的大事记。在该事件中,云南将之划分为一起兼具科学性、突发性、关注度的舆论事件,紧紧围绕云南"人象和谐"故事,紧抓国际传播契机,成为最早重点关注的媒体并进行了专题报道。

对动物的保护行动结合积极的国际议程设置,共同形塑了以实际行动爱护生态环境的良好国家形象。[①]随后,CNN、BBC、美联社、泰晤士报、华盛顿邮报、日本的朝日新闻等国际媒体都对云南大象迁移迅速进行了跟踪式的报道。据不完全统计,云南亚洲象北移南归相关有效信息超过67万条,参与报道的海内外媒体超过3 000家,覆盖全球190多个国家和地区,全网阅读量110多亿次。较为罕见的是,一向有挑刺中国传统的西方媒体在这一事件中对中国都做出正面报道。2021年6月,BBC连发3篇关于中国大象的报道,提到了当地政府和人民不干扰大象行进的做法;日本朝日新闻全程回顾大象迁徙;TBS电视台甚至用半小时的节目

① 朱剑飞,李辉.翻译河南工程项目系列丛书:河南文化外译的探索与思考[J].教育现代化, 2019, 6(31):28—31. DOI:10.16541/j.cnki.2095-8420.2019.31.009.

时间对其进行专题报道,对昆明的城市环境、中国的动物保护政策等方面进行了全面介绍,具有很高的外宣效果。①该新闻议题的关注点从真实的传播形式、生动有趣的传播内容及其带给受众的美好感受,扩展为关注中国环保的成就、尊重野生动物的态度和巨大努力,关注中国政府不惜代价为保护民众的安全,引导象群平安通过而采取的措施,并据此延伸为国外受众对中国国家、中国人民、中国政府的价值认同、认知纠偏和正面判断。有学者认为该事件"破圈"优势在于三点:一是视觉叙事大于说理,通过大象作为传播的"隐喻"传递通俗化的中国符号,起到"润物细无声"的效果;二是主动议程设置,避免被动反应;三是强调叙事的情感共振,赋予事件内在的结构、基调、氛围和意义。②象群北迁属于生态范畴,全球的镜头在追随象群的同时也让人们反思环境问题、生态问题、以及人与自然、人与野生动物的关系。21世纪的自然危机、食品危机、生态危机正在变成人类生活的日常,席卷全球的新冠肺炎疫情也让民众更加深刻地体会到这一点。当然在此次全球直播中,无论是我们国际传播媒体,还是在西方媒体的镜头中,没有缺席的是中国民众和中国地方政府。全球的镜头里都传达出了自觉保护象群的中国民众和投入巨大人力物力保护象群的负责任的中国政府形象,于是,中国民众和中国政府在保护象群的镜头语言中也与来自世界各国的网友展开了对视与对话。当然,这一事件也给讲好中国故事带来主体、态度和形式上的积极启示:未来国际传播需从主体上突破政府和媒体的限制,从态度上更加开放、自信、真实,从形式上进一步顺应

---

① 李磊,叶莉.现"象"级传播:如何激发外媒点赞中国的内生动力?[EB/OL].传媒茶话会公众号.2021-06-13. https://mp.weixin.qq.com/s/wJ1wiSDriNf0P7IXoKLThg.

② 罗俊丽."云南北移象群"引全球关注:提升国际传播能力要善于叙事[EB/OL].社会科学报社公众号.2021-08-26. https://mp.weixin.qq.com/s/-YzvBOj9vzYB_GkDgSbdyA.

媒体发展趋势,①一个真实、立体、有温度的中国形象便树立起来了。从该案例来说,进一利用大象资源厚植云南形象为契机,有机会以"大象＋"②的形式,打造特色 IP、开发文创产品、营造文化氛围,提升城市文化形象。

二、文化交流与生态保护相交融,培养知华友华生力军

在当今快节奏、城市化的社会中,人们对于亲身体验自然生态的渴望和追求也在增加。在国际传播中将文化交流与自然生态相交融,有助于在跨文化交流中建立起更加深入和有意义的对话,促进文化交流和人与自然的和谐共生,可持续发展和生态保护是国际传播经久不衰的共同话题。

2021 年,由重庆市政府新闻办牵头举办的"渝港澳(亚欧)青少年自然探索美丽行动"不失为一次积极尝试。该活动分为春知花、夏知草、秋知树、冬知药 4 个比赛阶段共 10 个子活动,贯穿全年。通过线下活动,一方面引导重庆和亚欧国家的青少年了解生态自然、爱上万物,另一方面有效增进中外"Z 世代"青少年文化交流,大力弘扬和传承中华优秀传统文化,同时培养更多知华友华力量③。该活动也由于出色的题材创意而入选了"2022 年对外传播十大案例"并得到进一步推广和延续。2023 年,自然探索活动进一步扩充其内容丰富度和自身影响力,参与活动的中外青

① 周亭教授受邀就大象迁徙引发的现"象"级传播发表专家观点[EB/OL].中国传媒大学政府与公共事务学院. 2021-07-13. https://sgpa.cuc.edu.cn/2021/0713/c5735a184233/page.htm.

② 从"象往"云南到"向往"云南! 聚焦大象国际传播论坛[EB/OL]. 2022 年 8 月 10 日. 新华网.http://www.yn.xinhuanet.com/topic/2022-08/10/c_1310651218.htm.

③ 上游新闻-重庆晨报.重庆"亚欧青少年自然探索大赛"获评全国"对外传播十大优秀案例"[EB/OL]. 2023-01-20. index.html.

少年们能体验包括学习旗袍设计、刺绣工艺、布料染色、夏布制作等在内的各种技艺①。通过央视频、智汇八方新闻中心网站等进行全程直播,推特、脸书、油管、照片墙等进行海外播直播②。

三、聚焦自然之美,传达绿色生态的中国形象

近些年来,国内许多地方媒体依托地域生态优势,深挖本土自然资源,打造了一系列取得良好传播效果的优秀国际传播产品。举例来说,海南广播电视台凭借海南热带资源优势,打造了《这里是海南》系列生态微纪录片。以每集3分钟左右的片长生动呈现了海南湿地生态多样性的面貌。热带雨林中四处蹦跶的白斑棱皮树蛙、上下扑腾的白额燕尾、忙着"盖房子"的黄猄蚁、与绿叶融为一体的"伪装者"叶蟾等,深入展现海南热带资源的生态多样性,这些微纪录片不仅展示了自然之美,还凸显了海南对生态环境的保护和维护所付出的努力。海南广播电视台通过创造性的转化本土的自然资源,一改传统叙事以人为主的视角,只是客观呈现热带雨林生态结构,没有肆意刻画人类的行动,但是却更为客观地体现了所表达的内涵。

中国是全球雪豹最大分布国,青海、四川、新疆、西藏等省区都有雪豹分布。2020年,青海广播电视台第一时间播发了名为《青海玉树:罕见雪豹妈妈岩洞中哺育幼崽》的新闻,将雪豹妈妈哺乳和两只大约10天大的

---

① 国宝与国服同框　渝港澳(亚欧)青少年自然探索美丽行动走进动物园[EB/OL].重庆日报百家号.2023-05-27. https://baijiahao.baidu.com/s? id = 1767053586665405617&wfr = spider&for=pc.

② 重庆国际传播中心公众号.十万家庭爱植物自然之旅公益活动走进重庆南山植物园　小学生们前往探寻樱花盛开之谜[EB/OL].2023-02-27. https://mp.weixin.qq.com/s/WbIuG-ITtTiNMfrPbm_7bw.

幼崽相互拥抱并学习自己走路的珍贵画面向国际传播,展现了雪豹在三江源地区的真实生活状态。2021年,青海省门源县融媒体中心的视频作品《全国首例!获救雪豹"凌蛰"佩戴卫星项圈后放归》经门源电视频道《门源新闻》、大美门源客户端播出后,国内各大新媒体平台迅速跟进转发,吸引了多家境外媒体的关注,实现了良好的国际传播效果。这些融媒产品从微观角度切入国际共同关注的全球性议题,呈现了一个有着深厚底蕴,在不断发展中越来越充满活力、开放包容的中国形象。

第四节　技术创新:新兴技术赋能传播结构变革

伴随着信息技术的迅猛发展,新型传播技术正以前所未有的活力和影响力投身于国际传播的舞台。媒体组织智能融合的趋势促使国际传播能力的进一步提升,移动通信技术的发展也促使传播结构发生变革,直播、虚拟现实及增强现实等呈现方式创新媒介产品呈现方式,这些创新技术不仅重新定义了信息传递的方式,也深刻塑造了国际文化交流和理解的模式。在全球化进程不断加速的今天,国内新型主流媒体通过运用新型传播技术,不仅为世界范围内的文化多样性和相互理解提供了更多的方式,也在推动着国际传播走向更加多元化的未来。

一、组织改革:融合发展综合智能媒体

利用自身优势,布局智能媒体。紧跟内容生产的智能化浪潮,以高效率、高质量的自动化新闻生产为目标进行智能化布局,加速进入互联网的

下半场。国内新型主流媒体在国际传播实践中紧跟内容生产的智能化浪潮,以高效率、高质量的自动化新闻生产为目标进行智能化布局,加速进入互联网的下半场。如《四川日报》旗下封面新闻建立了由 21 个不同类别的智能产品组成的"智能编辑部";《广州日报》于 2018 年搭建的融合媒体平台,已在应用大数据分析、"党媒算法"、智能语音、智能人机交互等人工智能技术;《齐鲁晚报》发布智媒矩阵战略,以"齐鲁壹点"为核心,构建包括智媒、智云、智库在内的智能化内容生产平台;杭州文广集团充分利用国家短视频基地的高地效应,整合集团的内容制作班底、旗下 KOL 达人资源,充分发挥内部专业力量的积极性,先后成立了文广音视频工作室、"葫芦 TV"工作室、华智 MCN 等专业短视频内容生产机构,主攻精致短视频创意和生产,通过外国友人亲身体验中国文化、打卡中国建设成果等方式,增强与外国友人的情感连接,助力中国城市品牌宣传、中国好感度传播。

二、移动通信变革,5G 赋能传播

5G 通信技术(5th Generation),即第五代移动通信技术,是目前最新一代移动互联网技术。它具有高速率、高容量、低时延、低功耗等突出特点,使得"万物互联,永久在线"不再是想象。5G 为国际传播信息化、数字化、智能化升级提供技术支持,给内容生产、制作和传播的全链条、全环节带来直接影响。5G 技术的应用趋势包括万物互联、生活云端化、智能交互等,这些应用支撑国际传播渠道的升级换代,以及内容和形式的不断创新。例如中央广播电视总台坚持强化创新驱动发展战略,努力提升内容生产传播技术能力,开展了 5G 新媒体平台建设、4K/8K 超高清生产体系建设等一系列工作,并从传统技术布局向"5G+4K/8K+AI"战略格局转变。其战略布局还包括融合制播、超高清电视、移动新媒体、人工智能等方面,还提出了原创混合现实(IMR,Idea Mixed Reality)4K 超高清电视制作模式。北京冬奥会是全球首次规模化使用 8K 技术直播的赛事活动,也是奥运会历史上首次使用 8K 技术进行开幕式直播的赛事活动。央视频充分利用5G 新科技创新信息的传递模式。在花样滑冰双人滑、自由滑的赛场上通过"自由视角"技术使观众从不同角度回看欣赏双人滑组合默契配合的表演,在抛跳、转体的回放中更是借助"时间切片""子弹时间"技术使其被精准捕捉和记录,给予观众更加细节、更加专业观赛的无限可能。2021 年 12 月 31 日,北京广播电视台冬奥纪实 8K 超高清试验频道正式开播,并作为全国首个 8K 电视频道,全天 24 小时播出,这成为讲好冬奥故事、展示中国形象的重要窗口。

三、内容生成创新,实现智能创作

自 2015 年起,智能写稿机器人开始进入新闻生产领域,美国《纽约时报》《华盛顿邮报》、英国《卫报》、路透社等利用数据智能系统筛选文章、核实新闻、处理突发新闻、帮助编辑审稿。在国内,腾讯财经频道于 2015 年率先推出自动化新闻写作机器人 DreamWriter,随后新华社也迎来了新同事——写稿机器人"快笔小新"。此外,在《钱江晚报》移动客户端"浙江24 小时"App 中,也有智能机器人"小冰"关于财经、体育、民生、时政、娱乐等领域的新闻消息作品。近年来表现较好的还有如封面新闻的"小封"机器人每月写稿量已超过 6 000 篇,写稿领域涉及体育、财经、生活、科技等八大类,通过每天 24 小时不间断学习数百位诗人的写作手法和数十万首现代诗,运用知识图谱、自然语言处理等技术,已可以进行现代诗和古体诗的写作。2019年3月5日,"小封"正式在封面新闻上开设《小封写诗》专栏,发表诗作。从新闻稿件到诗歌创作,"小封"机器人完成了机器人写作历史上的一次重大突破。[①]国际传播中机器人写作的应用已经初露端倪,但还存在各种技术上、价值上的问题,需要不断改进。

此外,杭州文广集团在外宣领域的AI智能化应用展现了对于舆情监控和国际传播的创新思维和积极探索。AI内容生成技术的运用为舆情监控和内容传播带来了极大的效率和覆盖面,使得中国在国际舆论场中的声音得以更加持续和广泛地传播。通过AI智能机器人,杭州文广集团实现了对全球18个外文网站的实时监控和内容发布。这种不间断的舆情监控系统能够快速捕捉和分析海外新闻动态,进行智能翻译和校准,以及精准地发布内容,有效展现中国的力量和声音。这对于快速回应国际事件、传播正面信息以及应对负面舆情具有重要意义,可以加强中国在国际舆论场中的主动性和话语权。另外,杭州文广集团还在开发AI辅助短视频生产系统,通过AI技术根据全网热点实时抓取短视频数据,并自动生成多个版本进行全网发布。这种系统的应用可以让短视频内容更加贴近受众的兴趣和需求,同时也可以更迅速地推送国际热点话题,提升中国的国际影响力和话语权。总体而言,杭州文广集团的AI智能化外宣办公系统以及AI辅助短视频生产系统,为中国在国际舆论场中的声音输出提供了强大的工具和支持。这些技术的应用将有助于加强中国在国际社会的形象塑造,提升国际社会对中国的认知和理解,以及更好地传递中国的

---

① 赵蓓,张洪忠.2019年人工智能技术在中国传媒业的应用与思考[J].新闻与写作,2019(12):23—29.

立场和价值观。

四、切入直播赛道，创造内容增量

通过直播技术实现"在场"，提升传播内容的沉浸感。2021年6月，云南西双版纳的野生亚洲象群向北迁徙，历史性地突破了有监测以来的活动范围，愈加靠近人类城市。多家国内媒体对此进行了报道，CGTN开启慢直播，CCTV9推出纪录片《同象行》。以慢直播的形式长程记录大象迁徙过程，整个过程中体现出中国地方政府有效的应对策略，如部署应急人员和车辆，投喂数十吨食物，数十架无人机24小时监控行踪等等。英国社会学家汤普森曾说："媒介内容带来的想象性认知先于甚至替代了现场体验，进而塑造了人们有关世界和他者的观感与概念。"这无形中颠覆了以往处媒对中国形象的报道，传递出中国人对象群人文关怀，而这也与西方生态主义价值观所契合，让中国经验与世界语境相融，实现了从好奇到感情再到认同的通路。在国际传播的语境下，以直播"吸象"的视觉软新闻进行记录，降低了跨文化传播理解的门槛，避免了文化折扣，更容易激发海外受众的共鸣、共识、共振，和对中国可信、可爱、可敬的中国形象的认同感。在"吸象"背后展示的是中国人对自然的保护和乐观，以及中国政府高举人类命运共同体大旗的生态观以及对环境保护的责任与担当。

此外，在抗击新冠肺炎疫情期间，国内新型主流媒体也通过直播的形式完成相关报道，人民网、人民视频联合75家区县级融媒体中心和传统媒体的视频中心，完成《人民战"疫"》直播，展现了基层社区防疫工作和生活保障服务，体现了国内齐心协力共同抗疫的团结精神，也为区县级媒体做好融媒传播、扩大影响力提供了强有力的信心。

五、应用新型技术,打造视觉奇观

VR打开了人们视觉、听觉、触觉等多种"感知阀",打破了时间、空间的限制,为人们提供了沉浸式的在场体验,使新闻不再局限于对事件的简单陈述,而是营造出360度真实的情境,使受众以第一视角"遥在"新闻现场。央视频推出的北京冬奥会VR宣传片《乐游中国》和《她,独树一帜》一经上线,便收获了奥林匹克广播公司和其他国外媒体的高度评价。《乐游中国》,意在给外国观众带来亲身游赏中国美景的体验。其创意总监姜华称:"疫情之下,大量习惯了每年出国旅游的外国人不能亲自到中国,更不能现场观看北京冬奥会,但他们很希望实地体验中国。"该片运用VR和航拍技术,不仅展示了中华大地雄伟壮丽的山河美景、灿烂辉煌的历史文明和生机勃勃的城市景观,更体现了中国作为世界大国包容开阔的气魄胸怀和深厚悠久的文化自信。宣传片《她,独树一帜》则选择以女性视角宣传北京冬奥。在北京冬奥会上,中国女运动员谷爱凌一战成名引发世界关注,以她为代表的女性运动员让世界更加关注女性的尊严和力量。此外,中国的妇女事业目前已经走在世界前列,中国在这一方面取得的成就值得世界关注。基于此,创作团队决定把中国女性的力量、自信与魅力展现给世界。

AR是通过数字技术模拟某些实体信息,让屏幕上的虚拟世界与现实世界场景进行结合与交互的未来媒体技术。在对2020年东京奥运会的报道中,CGTN利用AR技术搭建了虚拟演播室,其在实景空间加入虚拟元素,利用虚拟现实技术将有限的演播室实体空间,结合节目内容打造成无边的虚拟化空间,打破以往二维平面的视听内容,让观众获得沉浸式内容体验。在北京冬奥会的报道中,《环球体育》连续 18 天推出特别直播节目,"雪如意""冰立方""雪游龙"等冬奥比赛场馆被"搬运"进演播室内,用微缩、立体的方式呈现在观众面前,取得了良好收效。此外,拍摄手法与剪辑技术的创新使用,同样能形成不同的视觉体验。如第 30 届中国新闻奖国际传播类二等奖获奖作品《水墨徽州》就大量运用当下流行的运动镜头、VLOG 元素、无缝剪辑、视觉连续性转场等旅拍手法,采用航拍、移动延时摄影、升格等融媒视觉呈现方式,充分展现了徽州的影像之美。①新技术既是应对媒介融合背景下自媒体冲击的有效之策,也是提升传播内容影响力、吸引更多海内外受众的关键。

第五节　平台拓展:从"借船出海"到"造船出海"

国内主流媒体纷纷向外拓宽平台,盘活资源以更好地适应当下的国际传播发展趋势,进一步加强国际传播的能力和影响力。国内媒体布局国外社交媒体,同时依靠国内资源打造自有平台,实现从"借船出海"到"造船出海"的转变,形成立体化、全方位的传播矩阵。此外,国内主流媒体拓宽媒体合作网,积极与国外媒体合作,并结合线上线下开展活动,不断吸收商业媒体经验,促进国际传播能力建设。这些拓展举措体现了媒体机构的创新精神和追求卓越的态度,同时也为国际传播实践带来了新

---

① 冯梁.国际传播中"讲好中国故事"的三重维度——以第 30 届中国新闻奖国际传播类获奖作品为例[J].新闻世界,2020(12):20—22. DOI:10.19497/j.cnki.1005-5932.2020.12.008.

的活力和可能性。

一、布局国外社交平台，扩大传播覆盖面

　　全面开拓新媒体传播平台，充分利用网络新媒体各种应用和平台进行国际传播，以网站、博客、微博、微信、网络电视、社交网络等为代表的各种新媒体手段，布局推特、油管、脸书等国外社交平台，形成与国内外受众的准确对接，解决渠道失灵问题，努力成为人们获取新闻信息、交流信息的重要渠道，找到我国对外传播的突破口。以《深圳日报》为例，除拥有纸质版报纸、网站数字版外，《深圳日报》还推出了微信公众号、脸书、推特账号，构成了全方位、多层次的地方对外传播平台，实现了全天候的互动沟通和营销推广，而且还提升了报纸的互动性和知名度，成为一个服务广大外籍人士、面向全球、联结中外、沟通世界的综合性服务平台。[①]新冠疫情期间，《深圳日报》的海外布局的全媒体矩阵对维护中国的良好形象做出了很大贡献，比如针对国际上一些媒体炒作的非洲公民疑似在广东受到不公待遇的谣言，英文《深圳日报》拍摄了"当非洲人遇到中国人"（When Africans Meet Chinese）系列双语视频，重点采访了在深圳生活的中非结合家庭。视频中夫妻深情对望的眼神和孩子们幸福的笑容，成为击败谣言的最佳武器。这些视频 5 月在油管发布后，一个月内单条阅读量超50 万人次。[②]安徽省文化和旅游厅同样也利用用户名为@anhui_travel 的

---

① 陈国昌.我国地方对外媒体跨文化传播策略研究——以英文版《深圳日报》(Shenzhen Daily)为例[J].东南传播，2020（3）：64—67. DOI：10.13556/j.cnki.dncb.cn35-1274/j.2020. 03.018.

② 董海涛，邓含能.讲好城市抗疫故事——以英文《深圳日报》为例[J].对外传播，2020（8）：71—73.

海外账号在 TikTok、油管、脸书、推特、照片墙取得了优异的传播效果。安徽文旅充分顺应了国际传播领域移动化、社交化、可视化的趋势，从主题拓展、图文制作、时事跟踪三个角度入手，在国际传播中提供了地方力量。2021 年，安徽文旅入选了全国省级文化和旅游新媒体国际传播力指数前十，其中综合指数列全国第二，照片墙传播力指数位居第一。①

二、"央地联动"＋"名企外宣"，面向海外打造知名 IP

柳州市充分挖掘本地和国内优势，一方面基于中央媒体与地方媒体合作创造优秀作品，或借助中央广播电视总台等国内官媒渠道传播资源扩大传播范围。比如柳州日报社联合《中国日报》，在半年内推出短视频精品《一条中国河流破圈记》《粉红天下》《紫气东来——中国"龙城"紫荆香》和英文解说版作品，以美食为媒介，借助近年频繁"出圈"的柳州螺蛳粉为扩大自身城市影响力作出贡献。《中国日报》则借助北京冬奥会等契机将螺蛳粉与柳州地标相融合向国际友人推介，二者取长补短获得成果突出。②另一方面，柳州不少知名企业、高校在海外设立分支机构，尝试建立"名企外宣"机制，聚合优质企业资源，创新打造"名企外宣"品牌，将以柳工为代表的大国重器、五菱宏光 MINIEV 为代表的国民"神车"、柳州螺蛳粉为代表的"网红美食"等资源作为载体，面向海外打造网红产品和知名 IP。2021 年至今，柳州该模式已取得初步成效：新能源汽车"柳州模式"引发日本《朝日新闻》、美国彭博社、英国《每日电讯报》、半岛电视台、《日

① 牧文苑.地方政府部门国际传播能力建设路径探究——基于照片墙账号@anhui_travel 的分析[J].青年记者,2023(8):56—58. DOI:10.15997/j.cnki.qnjz.2023.08.038.
② 李斌,黎寒池,谢耘.央地媒体联动 讲好中国故事——以国际传播作品《粉红天下——一碗中国米粉的逆袭》为例[J].中国记者,2022(8):73—75.

本经济新闻》等媒体报道;国际传播作品《一条中国河流"破圈"记》《紫气东来——中国"龙城"紫荆香》等,则获美国《中美邮报》、华人头条、柬埔寨柬单网、马来西亚海内外资讯、《北欧时报》等境内外 200 多家媒体转发。①

三、合拍与合作,共同讲好国家间发展故事

"合拍"目前已成为各省级媒体参与国际传播的主要方式之一。如广西广播电视台与越南、老挝等周边国家的合作创作是近年较为成功的国际传播案例。2020 年 1 月广西广播电视台与越南国家电视台联合制作《南溪河畔》(越南语名称 Bên Dòng Nam Khê),讲述桂林南溪山医院在援越 8 年时间里,救治越南伤病员、实施手术等故事,通过 60 多名亲历者回忆,讲述这段鲜为人知的故事,并将之还原为一份国家记忆,②该片最终也实现两地同步播出。③广西广播电视台还同老挝国家电视台合作,推出合拍纪录片《光阴的故事》《家在青山绿水间——志同气合》,讲述中老两国在铁路和水电站建设、农业、扶贫、旅游、环境保护等方面的深度合作,以及这些合作给老挝带来的发展与变化。④老挝方面还将视频上传至油管官方账号,引起现象级传播,展示了两国人民在"中老命运共同体"下友好合作的故事。⑤广西广播电视台还与东盟各国合拍推出了《海丝路》

---

① 打响"名企外宣" 力推"柳州制造"[EB/OL].新华网.2022-09-08. http://www.gx.xinhuanet. com/2022-09/08/c_1128986633.htm.

② 中越合拍纪录片《南溪河畔》开播 为建交 70 周年献礼[EB/OL].人民网百度百家号. 2020-01-13. https://baijiahao.baidu.com/s?id=1655622185591018104&wfr=spider&for=pc.

③ 丁裕森,庄严."一带一路"建设背景下提升跨国合拍纪录片国际传播有效性的路径探索——以中越合拍纪录片《南溪河畔》为例[J].东南亚纵横,2020(4):104—112.

④ 曾余榕.浅析中外合拍纪录片的国际传播策略——以《家在青山绿水间——志同气和》为例[J].视听,2020(6):60—61. DOI:10.19395/j.cnki.1674-246x.2020.06.030.

⑤ 冯梁.国际传播中"讲好中国故事"的三重维度——以第 30 届中国新闻奖国际传播类获奖作品为例[J].新闻世界,2020(12):20—22. DOI:10.19497/j.cnki.1005-5932.2020.12.008.

《纪录广西》《丝路会客厅》等,起到宣传广西形象的良好效果。此外,商业公司也助力国际传播合拍片拍摄,如吉林省互联网传媒股份有限公司联合五洲传播中心与法国 France Mont Blanc 8 共同完成的纪录片《粉雪奇遇》,[①]由吉尔吉斯斯坦共和国德隆电视台与中龙文化传媒洛阳有限公司联合拍摄的电视剧《丝路长歌》[②]等,均通过各自不同的媒介和叙事方式,为传递中国故事、展现中国风貌、促进国家之间彼此交流合作作出了重要贡献。国内媒体如果只依靠如推特、油管、脸书等外国媒体平台进行内容分发的方式"借船出海",不但不熟悉国外平台的算法规律,也无法完全理解其长期培养的受众习惯和文化特点,同时还会受到各种"官方媒体"打标限制以及限流等制裁措施。因此,地方媒体除借助国内官媒渠道实现对外传播,更借助自身周边传播、跨文化传播等方面优势,通过海外媒体通过合作报道、联合制片等方式,推动彼此间进行共同的作品交流、合作、创作,实现从"借船出海"到"造船出海"的过渡。

四、连接线上十线下,助力国际传播效果最大化

传统的国际传播大多在线上进行,与观众间存在距离感,受众缺少参与阅读的兴趣。部分地方媒体结合本地文化特点,积极发动媒体在地性资源,发掘具备话题性、趣味性、真实性的事件,通过线下活动吸引国内外企业和媒体人员参与,主动创造出适合国际传播的事件和话题,或主动将活动引向国外,用"演绎"中国故事代替"讲好中国故事"。如江苏省委宣

① 纪录片《粉雪奇遇》:延展吉林冰雪体验新视界[EB/OL].吉林日报百家号.2022-01-17. https://baijiahao.baidu.com/s?id=1722129315376155261&wfr=spider&for=pc.
② 洛阳市与国外媒体合拍电视连续剧[EB/OL].河南省人民政府门户网站.2015 年 4 月 20 日,010544922.shtml.

传部 2019 年曾指导制作歌剧《拉贝日记》在德国、奥地利巡演,以别样体裁展现德国商人拉贝在第二次世界大战期间保护中国民众的故事,三地五场演出现场座无虚席,总计 8 400 余人观看,观众反响强烈,获得欧洲主流媒体的广泛关注和报道。再如宁波探索"艺术振兴乡村"活动,由中国人民大学教授丛志强带 3 名研究生前往宁海葛家村,与村民共同利用废弃的毛竹、卵石、酒缸等搭建人文景观,后吸引超 16 万余名游客参观,其中包括超过 30 个国家的外国友人,也吸引了联合国教科文组织驻华代表处官员专程到葛家村进行考察。活动通过让国际友人亲手体验传统技艺、策划组织中外艺术交流活动、社交媒体宣传等,让外国受众感受艺术乡村的氛围、体验不同文化的碰撞交融,并有效进行了宣传。

五、汲取商业平台经验,增强国际传播竞争活力

在国际传播领域,多元主体的参与者在竞争激烈的环境中互相角逐,湖南广电旗下的芒果 TV 与爱奇艺、腾讯视频等网络视听平台展开竞争,通过相互借鉴经验,实现了显著的发展进步。这些平台的国际版已经覆盖了全球众多国家和地区,其中芒果 TV 国际版更是涵盖了 195 个国家和地区。在其海外自有平台上,观众可以享受到多种类型的节目内容,涵盖了国内自制内容、购买的海外版权内容以及本土制作的海外内容等。仅芒果 TV 国际版就拥有了超过 1 500 部节目,总计达到 15 万小时的内容库存,涵盖了包括综艺、娱乐等多个品类。

芒果 TV 国际版以其鲜明的整体风格——"青春、有活力"为特点,通过与国际版 App 的会员体系相结合,运用算法和人工智能技术,为会员提供更高质量的服务和更为精准的个性化运营,从而促进更多世界青年

对真实的中国有了更加深刻的了解。值得一提的是,其"国风频道"将中国传统文化元素巧妙融入现代节目中,在海外青年群体中引起了一股汉服风潮。《我的青春在丝路》这档节目则通过讲述年轻人在"一带一路"沿线国家追寻青春梦想的故事,有效地传递了友谊、合作以及文化交流的重要价值。《致我们共同的地球》动员了中国青年志愿者,深入全球各地开展公益活动,充分展现了中国作为大国的责任担当,为国际社会树立了积极的典范。在2021年,芒果TV国际版与越南国家电视台(VTV)达成了战略合作,实现了原创综艺节目《小运动会》在越南的播出。这一合作不仅促进了节目内容的跨国传播,还进一步深化了中越两国在文化交流领域的合作。芒果TV国际版在国际传播中展现了强大的竞争实力和创新能力,通过多样化的节目内容、个性化的运营方式以及跨国合作,有效地增强了国际受众对中国文化的认知和兴趣,推动了中华文化在全球范围内的传播与交流。

第六章
提升新型主流媒体国际传播机制优化策略

当前,在世界百年变局背景下,国际舆论场的格局之变、话语之变、攻守之变在深度演进,全面推进习近平总书记所嘱托的"全面提升国际传播效能,形成同我国综合国力和国际地位相匹配的国际话语权"需在顶层设计、机制创新、流程再造、活力塑造以及配套保障上下功夫,在国家战略层面谋划国际传播"大外宣"格局,树立内宣外宣一盘棋意识,完善新媒体国际传播平台建设以及直面文化融合的丰富面向,充分培养发挥人才优势,并最终提升国际传播影响力、中华文化感召力、中国形象亲和力、中国话语说服力、国际舆论引导力。

第一节 顶层设计:谋划国际传播"大外宣"布局

一是国际传播应该像国家安全、互联网治理等重大事务那样,在国家战略层面进行全方位的部署。自党的十八大以来,以习近平同志为核心的党中央高度重视国际传播工作,对增强国际话语权、加强国际传播能力建设、讲好中国故事、传播好中国声音、展示全面立体真实的中国作出一系列重大部署。2021年习近平总书记在主持十九届中央政治局第三十次集体学习时强调,"必须加强顶层设计和研究布局,构建具有鲜明中国特色的战略传播体系",可以说将原本由宣传、外事等部门所负责的国际传播工作上升到了国家战略的高度。有学者认为这也标志着"战略传播"的概念进入决策层的话语体系中①。其有明确的目标导向和整合导向,即关注"关键受众"如各领域专家、政府官员等"关键性意见领袖"及对多元主体和多种资源的最大化利用和协调。②

二是国际传播应紧密依托国家战略发展,设立国际传播联席会议或者合作专班,夯实国际战略传播体系。国际传播应紧密依托"一带一路"建设、京津冀协同发展、长江经济带发展、粤港澳大湾区建设等国家战略发展。同时国际传播不是宣传部门一家的事,不仅限于宣传机构、大众媒体,而应是国家统一领导、多方协同、共同作用的活动。可以考虑建议设立国际传播联席会议或者合作专班,形成联动机制和统一战略部署。除了国新办、外交部、商务部等政府部门,还应包括团体、企业、军队、智库、非政府组织等。在事关国家战略重大政策、重大议题、重大举措等出台之际,联合多部门进行议题设置和内涵挖掘,展开国际传播活动策划。同时联动驻外使领馆、出海企业、海外华人以及知华友华人士朋友圈,实现全

① 史安斌,从国际传播到战略传播:新时代的语境适配与路径转型[J].新闻与写作,2021(10):14—22.
② 仇朝兵,美国"公共外交"及若干相关概念辨析.[J].现代传播,2021(5):46—52.

方位的互动与更深层次的国际传播。此外,主流媒体、互联网技术公司和民间智库等作为具体实施单位,可以形成上下联动、合纵连横的战略传播体系。

三是构建若干国际传播矩阵试验田,如北京、上海、广州、深圳等地,总结实践经验从而提升我国国际传播影响力与国际舆论引导力。从《卫报》《华盛顿邮报》和《悉尼先驱晨报》三家不同的西方媒体视角来看北京、上海、广州三座国际大都市,会出现不同的重点关注,其中对上海的关注往往聚焦经济、金融方面,将上海看作是中国经济发展的风向标。[①]以上海为例,纵观近十年来外媒对上海的关注,"new"是使用频率最高的单词,由此可见外媒对上海的关注倾向于新的变化,上海的城市变化、科技创新发展都是外媒眼中的关键词。[②]当然,在这些报道中,西方主流媒体存在明显的政治倾向,往往将经济矛盾和社会冲突归结为制度环境和体制问题,趋于批判政府。在文化报道方面,缺乏对本地文化和精神的探索,削弱了上海的独特性和认知度,容易造成国际社会和受众对上海城市文化想象的片面化。[③]主管部门可以对作为国际传播试验田的城市给予政策与资金的支持,同时在报道资源、报道题材、报道方式等等角度进行全方位的指导与实验。

---

① 李秀芳,刘艺.西方媒体中的北上广形象比较研究——以《卫报》《华盛顿邮报》和《悉尼先驱晨报》的官网报道为例[J].对外传播,2016(9):53—55.

② 沈斌,王荣,刘亚奇.基于海外媒体报道的上海城市形象国际传播研究[J].国际传播,2019(4):23—28.

③ 付翔,徐剑.《纽约时报》和《泰晤士报》中的上海形象研究(2010—2017)[J].新闻界,2020(2):80—87.

第二节　机制创新：树立内宣外宣一盘棋意识

一是在强调对话与沟通的时代，向世界全方位、立体形象地展现真实的中国，真诚地讲述中国、沟通中国。一个太过完美的讲述会让别人觉得真实的部分也不太可信，同样，一个国家的形象塑造也离不开能脱离现实的形象构建，因此在向世界说明中国的时候，要避免片面地夸耀成就，不足之处也要适当说明，所以真实地讲述中国的方式显得很重要。一些主流媒体的宣传工作仍然承袭大众媒介时代正面宣传理念，当新的社会事件频繁发生时，传统的宣传经验难以满足新的社会需要，导致正面宣传难以发挥正面效应，尤其体现在对典型人物报道时容易出现过度增加光环、打造"完美人设"的问题，未能对可能造成的宣传效果进行准确预判。此外，在移动互联时代，应该充分考虑媒介技术所赋予宣传内容的价值力量，传统的宣传话语难以摆脱说教意味，缺乏宣传效果的反馈机制，也难以吸引互联网的主流群体，那么宣传报道就难以发挥作用。应该充分意识到正面宣传作为一种精神交往所能够达到的双向交流与对话的重要性。[①]

二是在国内突发事件、重大事件的报道上，必须争取到第一时间报道的机会。我国主流媒体是国外媒体以及海外受众的重要信源，如果不能第一时间抢占突发新闻、重大新闻的信息发布高地，后期辟谣及解释的成

[①] 李明德，李沙.数字时代主流媒体正面宣传的现实困境与优化路径[J].西安交通大学学报（社会科学版），2022，42（3）：125—132.

本很高,且效果不一定理想。在实际的工作中,来自主管部门的宣传指令对于我国主流媒体的国际传播工作有极其重要的指导意义以及正向的引领作用。但从传播效果来看,"统发稿"的效果并不如意,并且定时定点发送几乎一致的内容,容易被国外媒体抓住政治宣传把柄,如今在海外社交平台的算法机制下,这样的沟通方式容易被认定为"机器人发稿",从而导致我们的媒体账号被冻结或者限制发文。此外,主管部门也需要给到国际传播媒体更宽松地接触外媒的机会环境,只有充分地接触到不同国家的报道内容,而不是仅仅只有看到或者接收到正面的报道与反馈,才能了解不同国家媒体人、受众的关注点和敏感点,我们在做国际传播工作时也更能有的放矢。

三是主动进行议程设置争夺话语权,通过事件发生地的在地化讲述提升我国国际传播的媒体国际影响力。今天的全球议程是由政治与媒体共谋出来或设置出来的。主流媒体是提升国际传播能力的主要渠道,并且主流媒体的公信力是影响媒体品牌美誉度的重要因素。在国际大事中,主管部门要搭建平台引导主流媒体主动积极参与议程设置,除了捍卫国家利益外,还要报道西方媒体不愿提及或者边缘化的议题争夺公共话语权,如俄罗斯媒体"今日俄罗斯"在国际重大事件上以不同于西方的鲜明观点争夺话语权,关注西方媒体忽视的灾难、犯罪、反恐、宗教、种族等议题,积极为弱小国家及边缘群体发声从而树立自己的国际声誉。此外,关于新闻发生的在地化讲述如 CNN 中东频道的出镜记者中极少有美国记者,而是让当地记者出镜报道现场,从而增进新闻的可信度与接受度。建议搭建驻外使领馆、出海企业、海外媒体、海外华人以及友华人士与主流媒体合作的平台,以符合当地文化习俗或者当地人的面孔参与到国际大事的出镜报道中,从而提高我国媒体的国际影响力与公信力,从而提升中国形象亲和力和中华文化感召力。

第三节　流程再造:完善新媒体国际传播平台建设

一是明晰海外社交平台的算法规则。如今国际传播需"借船出海",即依靠不同社交平台如脸书、推特、油管、TikTok、照片墙等进行平台传播。对于不同平台的算法规则都应该熟知,并根据不同平台的特点进行有针对性的传播。如 2016 年,谷歌公布了油管的平台"深度学习算法"。该算法在为用户推荐视频、留存用户上取得了显著成果。被公开的算法认为,人们观看视频的时间越长,账号发布的内容就越有趣。同时账号获得的点赞越多,算法给予的权重越高。但是平台算法一直在变化,需要研究与应对。此外,我国媒体在进行国际传播时遭遇海外社交平台算法"黑箱",从而存在内容传播"困境"。如在同一新闻事件的报道上,海外社交平台对待中国媒体和海外媒体,限度有所不同。例如,圣诞集市的撞车视频遭受投诉,被社交平台判定为暴力视频而被投诉处理,但同时类似的内容在美国 ABC 媒体等账号发布则未被投诉处理。我们在进行国际传播时要正视海外社交平台的"双重标准",建议主管部门可以委托第三方机构开展研究并且以定期联席会议的方式与主流媒体进行海外平台算法、流量以及运行规则的分享。这样,我国国际传播媒体在明晰海外社交平台规则及算法的前提下,因地制宜进行节目制作及传播分发。

二是积极应对新媒体平台的传播法则。从写作来看,新闻内容与一般内容相比更加严肃,同时需要更长的系列报道、更长的视频内容来保证报道的客观性与可信性,因此在短视频的浪潮下高质量的内容制作性价比不高,例如在推特的平台上,视频要求不能超过两分钟,从传播效果来看30秒到40秒的短视频效果更好,所以对内容创新的限制很大。而推特也允许通过"购买"的方式,可以将稿件推到好一些的位置。但是通过购买的方式获得"推荐"也存在困难,因为推特需要一篇稿子达到一定的点赞量才能够购买"推荐",需要达到20左右才能往前推到稍微好一些的位置。此外,推特等平台的审核给我国国际传播媒体的操作也带来了不便,如部分媒体登录时经常需要多次验证,同时推特对我国主流国际传播媒体进行贴标签处理后,媒体报道的传播、转发都会受到一定限制。

三是加强新媒体网站等主阵地建设。根据《上海日报》的统计,其网站访问量从2017年的195万增长到2020年的1 500万,增长量最高。再如,在财经资讯传播领域,海外受众对于中国财经数据及资讯需求激增。一财全球推出了首个由中国主流财经媒体打造的原创英文证券市场数据库项目。该平台尝试打破国际传播依赖境外平台的困境,为海外投资者提供专业的市场数据、行情分析以及一系列服务,以及为中国企业提供海外路演及宣传平台,有效提升中国财经新闻的国际影响力。建议主流媒体推出多语种的新闻门户网站建设,有条件的省份可以让更多的频道在全球各地落地播出,在全球建立尽可能多的分站、分台和分网。此外,进一步推进政府机构、企业和社会组织等入驻国际社交网络平台,形成发声合力。鉴于目前我国主流国际传播媒体在海外社交平台被打上中国官方媒体标签,国际传播形势日益严峻的现实,更应该发挥各级党组织作用,在国际主流社交网络平台中建立尽可能多的账户,将其作为传播真实信息和讲好中国故事的重要阵地。

第四节　活力塑造：直面文化融合的丰富面向

一是涵养中国故事的丰富面向，全面提升中国故事的中国版本国际传播效能。一方面中国故事的内涵极其丰富，包含了中国政治故事、中国经济故事和中国文化故事等。中国政治故事让世界了解和理解中国道路的历史必然性和可行性，中国经济故事让世界了解和理解中国经济发展过程中的艰辛和成就，中国文化故事让世界了解和理解中国文化的独特性和包容性。另一方面，中国故事的讲述既要善于从宏观层面讲述中国的社会进步、经济发展与文化传统、环境保护等，再一方面也要着墨小切口小故事，善于运用各种生动感人的事例，跨越文化差异的鸿沟全面提升国际传播效能。可以针对不同国家、不同区域的特点做内容传播的差异化设计，同时做好用户画像，根据不同用户的需求进行相互匹配的信息产品的生产和推送。

二是在直面中外文化差异的同时，国际传播也要明晰海外受众思维方式以及媒体使用的不同习惯。国际传播中造成跨文化传播障碍的其实还有传播方式的问题，比如国内用户有的习惯用 App，但外国人习惯网页浏览，而且年轻人兴趣点转移很快，习惯用一些新的社交平台，如今海外社交平台如脸书、照片墙等传播效果也在逐渐衰退，我们在进行国际传播时也要进行不断发现与发掘。再如，音频的形式其实在国外受欢迎，目前是国际传播的"蓝海"，但我们主流国际传播媒体还欠缺相关尝试的经验。

此外,语言的障碍其实也与媒体使用习惯息息相关,因为中文的受众少,所以国际传播的内容一般就会加字幕,但在实际传播中外国人很多不愿意看字幕。所以,在进行国际传播时,不能习惯性"以我为主"地去传播,而是多角度地对国外受众进行观察与思考。

三是定期开展国际受众调研并进行分国别传播,丰富传播方式并拓展多方主体合作范围和合作方式。面对复杂的国际舆论场以及跨文化传播的语境,针对不同国家的收视收听习惯与需求进行定期调查,可以进行一国一策、一国多策的传播,由主管部门定期发布有针对性地分国别的国际传播指导策略与报道提示。同时,围绕为受众带来更舒适和人性化的视听体验,以"视频＋""音频＋"为主要应用模式的 5G 国际传播为重点,联动国内主流商业传媒机构和网络平台、企业、社会组织、自媒体、网红,以及知华友华的海外媒体机构强化合作,吸引更多组织、机构和个人参与到中国形象的塑造中,参与到中华文化的展示中,从而构建丰富立体的国际传播网络格局。

第五节　配套保障:充分培养发挥人才优势

一是建强适应新时代国际传播需要的人才队伍,创新体制机制畅通国际传播沟通渠道。一方面,人才的培养是开展国际传播工作的基本保障,要致力于培养懂外语、懂规则的复合型国际传播人才,打造一支高质量高水平的国际传播人才队伍,为提高我国国际化水平、提升国际话语权奠定基础。另一方面要创新体制机制,把我们的制度优势、组织优势、人力优势转化为传播优势。要更好发挥高层次专家作用,利用重要国际会议论坛、外国主流媒体等平台和渠道发声。各地区各部门要发挥各自特色和优势开展工作,展示丰富多彩、生动立体的中国形象。

二是招揽国际知名媒体人,培养本土人才,扎实国际传播的队伍保障。提升国际传播关注度与公信力最直接的就是引进国际知名媒体人,参与节目的制作与报道。因为这些人员对国外市场更了解,也熟悉国外的语言、文化和人们的思维方式,有助我们媒体提升国际传播效果。同时,本土国际传播人才的培养可以通过委派到海外开展海外传播工作,以及聘请高校国际传播专业教师定期对从业人员进行培训等提高国际传播队伍媒介素养的方式进行。建议主管部门拓宽国际传播队伍的海外人才招募及遴选渠道,为海外人才提供住房、落户、子女教育等相关保障,并且做好背景调查工作。

三是吸引更多民间组织、机构和个人参与到中国形象的塑造与国际传播中。习近平总书记强调,“更好介绍中国的发展理念、发展道路、发展成就”。在讲好中国进步故事的同时,也能让海外企业、海外受众参与到中国的发展中来,才能更好地提升中国的国际影响力。此外,我国国际传播媒体也要做好与海外受众的沟通联络工作。如在社交平台上,我们国际传播媒体发布的内容时常会有海外受众的评论,里面包含一些赞扬、疑惑以及批评的声音,我们是否可以答疑释惑并进行充分有效的沟通以增进中外的对话理解,这也对平台的运维人员提出了新的更高的要求。

附 录
独家访谈

当前正面临百年未有之大变局的持续演进，国际舆论环境日趋复杂。当下新媒体时代，如何打破西方话语体系陷阱、构建中国叙事体系，是亟待解决的问题。在这一大背景下，本书聚焦新型主流媒体的传播机制建设，通过对比上海各大新型主流媒体的国际传播机制，以及对国际上其他主流媒体的国际传播机制建设进行分析，指出当前新型主流媒体发展所面临的困难和挑战，对增强上海媒体的全球叙事能力、提升上海城市软实力的国际影响力提出建议对策。针对如何加强新型主流媒体在对外传播过程中的国际传播能力建设这一问题，笔者对上海广播电视台融媒体中心副主任陶秋石、《上海日报》副总编刘琦、一财全球主编陈娟、澎湃新闻"第六声"总编辑吴挺、哔哩哔哩公共政策研究院院长卢雅君进行访谈，为国内新型主流媒体的长远发展提供了实践指导，也传递了国际传播能力建设的经验与心得。

附录一 上海广播电视台访谈

问题 1：可以简单介绍一下您的专业背景和从业履历吗？您加入上海广播电视台多久了，选择加入上海广播电视台的原因是什么？

陶秋石：我 1998 年毕业于复旦大学新闻学院国际新闻专业，之后就加入当时的上海东方广播电台，历任记者、编辑、早新闻监制、频率主编助理等，2003 年作为英国志奋领学者赴英国卡迪夫大学攻读硕士，主修还是国际新闻。回国后加入东方卫视任新闻副总监，之后随着台里架构调整，我的职务虽有变化，但主要工作都是负责东方卫视整体的新闻节目。2016 年，融媒体中心成立，我也开始向互联网转型，负责看看新闻 Knews 这个产品的打造，2022 年底，中心整合成立了国际传播中心，由我分管这块工作，目前职务是融媒体中心副主任兼看看新闻总编辑和国际传播中心主任。选择这一职业的原因简单说就两个字：喜欢。

问题 2：上海广播电视台国际传播的定位与目标是什么？与其他主流国际传播媒体相比，自身的特色与竞争力在哪里？

陶秋石：上海广播电视台立足上海，在国际传播领域有着独特的优势和定位。自 20 世纪末开始，由于上海的区位优势，上海广播电视台在国际传播方面已经打下了坚实的基础。在 2023 年，上海广播电视台集团进一步明确了自己的定位和目标，旨在成为中国式现代化城市文明塑造与国际传播的排头兵。上海的地理位置和国际化程度为上海广播电视台的国际传播提供了独特资源,这为上海广播电视台集团在国际舞台上传播中国都市文化、经济文化、潮流文化、生活方式等核心领域提供了有力支撑。同时,上海作为一个多元文化融合的城市,拥有丰富的资源和故事,为上海广播电视台创造了丰富的传播素材。

上海广播电视台集团自身的人才积累也是其竞争力的重要组成部分。媒体行业需要具备深厚的专业知识和创新能力的人才,而上海广播电视台在这方面有着积累,这有助于创造高质量、有影响力的传播内容。视频特性作为上海广播电视台传播的强大工具之一,强调能够形成直观、生动的视觉符号,更容易引起观众的兴趣和共鸣,从而增强传播效果,这一特点有助于上海广播电视台将信息传递得更加生动和深入。另外,上海广播电视台强调媒体协作网络的支撑,这意味着与其他媒体的合作和协同,可以进一步丰富和扩大其国际传播的影响力和覆盖面。

综合来看,上海广播电视台通过充分利用上海的区位优势、自身的人才积累和视频特性,以及强调与媒体协作网络的支持,形成了在国际传播领域独特的竞争优势。通过聚焦传播中国式现代化城市文明,上海广播电视台将为国际传播领域带来鲜明的个性和价值,塑造出与其他媒体不同的独特风貌。

问题3:二十大报告中指出,加快构建中国话语和中国叙事体系,讲好中国故事、传播好中国声音,展现可信、可爱、可敬的中国形象。上海广播电视台在国际传播的过程中,是如何做好国际传播能力建设的?

陶秋石:目前,上海广播电视台的国际传播工作主要从6个维度展开,主要包括:上海外语频道 ICS 及其海外供片,新媒体品牌 ShanghaiEye(魔都眼)和 Yicai Global(一财全球),东方卫视海外频道和香港财经 HD 频道海外落地,综艺节目、纪录片、影视剧等优秀内容海外版权及原创节目模式销售,参与并加盟亚广联、欧广联、欧洲电视联盟等国际合作,举办海外电视周、参加海外节目展会、国际舞台演出等国际文化交流等。

我们融媒体中心负责的 ICS 上海外语频道,是我台紧抓世博会重大机遇期,于 2008 年开办的一个专业外语频道,也是除央视之外,中国大陆唯一以英语为主要播出语言的电视频道,主要承担面向在沪外籍人士进行精准传播的外宣工作。2020 年 8 月推出的深耕海外社交平台的 ShanghaiEye 传播矩阵,目前在推特、脸书、TikTok、油管、Reddit、照片墙等海外社交媒体平台开设账号 16 个,覆盖 300 多万海外订阅用户。2023 年上半年,ShanghaiEye 面向海外发布视频及图文约 1.2 万条,海外总浏览量逾 1.7 亿次,视频总观看时长逾 62.7 万小时。我们还与欧洲电视联盟(ENEX)、美联社(AP)合作,开设 SMG ShanghaiEye 分发频道,传送新闻节目素材,供世界各国和地区的媒体机构下载和使用;同时也向国际视通平台(CCTV+)传送素材,2022 年共传送 495 条视频,累计被 35 个国家和地区的 103 家媒体机构下载和使用。

此外,上海广播电视台纪录片中心的很多作品在国际上也很有影响力,比如纪录片《中国面临的挑战》《生命的记忆——犹太人在上海》《行进中的中国》等屡次斩获国际大奖并进入海外主流媒体播出。

未来,我们将在传播对象的精准定位和中国话语的塑造这两方面继续发力,进一步提升国际传播的实际能效。

问题 4：上海广播电视台国际传播创新案例经验分享。

陶秋石：以最新的事件为例。美国当地时间 8 月 1 日，在上海市府新闻办的支持下，为期两周的"犹太难民与上海"图片展和相关活动在纽约举行。7 月 25 日起，我们融媒体中心通过 ShanghaiEye 海外社交媒体矩阵和海外主流媒体渠道，对这一活动展开了全方位的立体化国际传播，充分体现了我们的比较优势和传播能效。截至 2023 年 8 月 8 日，我们制作的展览先导片和正片"Shanghai, Homeland Once Upon a Time-Exhibition on Jewish Refugees in SH during WWII Launched in NYC""New Projects in NYC Memorialize the Remarkable History of 20000 Jewish Refugees in Shanghai"被包括美联社、法新社、道琼斯 FACTIVA、英国《金融时报》、马来西亚《星州日报》、澳大利亚《THE TIMES》、美国 FOX40 新闻台等采用 796 次，播发媒体来的国家和地区包括美国、加拿大、澳大利亚、新西兰、英国、德国、法国、意大利、西班牙、印度、南非、肯尼亚、阿联酋、科威特、马来西亚、印度尼西亚、菲律宾、新加坡、越南、柬埔寨、中国香港和中国台湾等。与此同时，多版本的文字、图片和视频报道，还以"新闻推送"的方式，点对点推送给全球 3.8 万名媒体记者。国家分布主要有美国、英国、澳大利亚、印度、新加坡、菲律宾等；主要媒体有《纽约时报》《华尔街日报》《海峡时报》《印度时报》以及美联社等媒体机构。

在中文媒体方面，新华社、中新社、China Daily、凤凰卫视、美国中文电视台、侨报、世界新闻网等在内的驻外央媒和海外华文媒体对图片展进行了采访和报道。此外，SMG 作为亚广联的附属成员，还将"犹太人与上海"图片展相关活动推荐给了亚广联方面，并获得后者高度认可，向 200 多成员机构进行了发布。相关图片和视频也分发给了中国驻纽约总领馆、中国驻洛杉矶总领馆等驻外机构。

我们融媒体中心在图片展策划之初就对"犹太人和上海"这一国际传播选题高度重视，ShanghaiEye 团队和驻美报道团队与犹太难民纪念馆方面多次深度沟通，就此次图片展的特点、精华内容、开幕式细节等进行了深入挖掘，提炼出值得讲述的"故事"。与此同时，还通过 ShanghaiEye 海外媒体朋友圈和美联社方面，就图片展的报道方案进行"定制式"策划，共同制定国际传播方案。整个执行团队前后一共制作了四个版本的英文视频、四个版本的文字通讯、六个版本的英文标题和八张高清图片，并根据海外平台的不同特色和需求，进行了前后两波推发。

美联社方面反馈："Very beautiful event. Glad that we are getting this wonderful news to the world."（非常漂亮的活动，非常荣幸能向世界传达这么好的故事。）

美国人 Faith Goldman 在看到相关报道后，给团队发来长篇邮件说，自己已故的丈夫 Robert Goldman 就是在上海出生的犹太难民，由于身在洛杉矶，此次无法前往纽约活动现场。但多年来，自己一直在研究、采访、撰写和讲述罗伯特和上海的故事，希望有机会联系到上海犹太难民纪念馆方面。团队收到邮件后，已经帮助其联系上纪念馆方面，并计划将 Goldman 家族的故事，纳入正在筹备中的《犹太人在上海》纪录片第二季的拍摄。

海外社交媒体方面，海外网友也纷纷留言："这段历史也有我祖父的故事！"；（以下均为英译）"祝贺！很棒的图片展""每当想起这段历史都不禁流泪""（张开怀抱的）总是上海"等。

问题 5：新技术应用在上海广播电视台国际传播中发挥的作用与局限。

陶秋石：在积极参与新技术研发的道路上，我们不仅展现出了坚定的决心，更在技术创新方面不断取得显著成就。我们始终保持着主动承担各类技术交流论坛和建设新技术实验室的姿态，除了致力于技术的深度助力外，我们还不断强化对新技术特性的深入洞察，始终保持对最新技术试点的积极跟进。在这个快速变革的时代，我们不仅仅是旁观者，更是先驱者，为实现立体化报道而努力。

近年来，我们积极涉足了机器人写作、虚拟主播、VR、AR、5G、8K等领域，不断地将创新融入新闻呈现方式之中。这种不断迭代更新的探索精神，为我们赋予了前瞻性的眼光，也使我们能够在新技术发展的浪潮中立于不败之地。我们不仅注重技术的深度拓展，更加强调内容的可看性和可读性。这种综合性的考虑，使生产出的新闻作品不仅仅是技术的展示，更是精彩故事的讲述。

我们在多年的积累中形成了一定的技术壁垒，这既是我们自身发展的强有力支持，也在一定程度上成为整个媒体行业的标杆。我们特别注重在 AI 技术赋能方面的探索，不仅是为了自身的创新，更是为了更好地满足用户需求。用户数据采集与分析，成为我们引领媒体发展的一大驱动力。然而，在海外平台上，我们却存在一些先天的劣势，使得我们的优势无法充分的发挥，我们可能要通过与海外合作方的合作共同解决技术发展的挑战。

问题 6：不同国家、海外用户对于我们媒体国际传播的内容喜好与传播偏向有哪些？

陶秋石：总的来说，我们在海外的中文用户主要偏好影视剧和综艺娱乐内容，这一点在我们油管上的"SMG上海电视台官方频道"的成功定位中得到了充分体现，其粉丝数和流量收入的增长都证明了这一战略的有效性。然而，在英文用户群体中，时事内容占据了更为重要的地位，特别是通过ShanghaiEye油管频道，我们已经明确地观察到了用户来源的国籍分布，如美国、印度、俄罗斯等，这为我们国际影响力的进一步拓展提供了有力支持。

针对这些差异化的用户偏好，我们应采取有针对性的策略。对于中文用户，我们可以继续加强影视剧和综艺娱乐内容的制作，不断创新，吸引更多受众，同时也可以考虑拓展跨文化交流元素，为他们呈现更加多元化的内容，满足他们的不同需求。在英文用户群体中，我们应当紧密关注热点话题和时事趋势，深入分析不同国家的关切点，精心策划相关内容，从而增强我们的国际影响力。此外，我们可以探索更多有关国际政治、经济、文化等方面的报道，提供深入剖析和客观观点，吸引更多英文用户的关注。

当然，不同平台的用户群体也有所差异，因此我们需要进行更精准的研究和分析，以制定更具针对性的运营策略。在每个平台上，我们都可以根据用户偏好和平台特点，精心打磨内容，增强互动性，提高用户参与度。通过持续的努力和创新，我们可以在海外不同语言用户中建立更强大的品牌影响力，实现更广泛的国际传播效果。

问题7：目前上海广播电视台在国际传播中面临的困境有哪些？希望得到哪些支持？

陶秋石：近年来，我们面临的问题与许多同行机构类似，尤其需要强调的是人才问题。虽然我台在国际传播人才积累上有一定的比较优势，仅我们融媒体中心整合的国际传播队伍具有中外文双语及以上能力的员工就有 98 人，然而与我们所面临的挑战相比，仍然存在一定差距。近几年来，国际传播领域的人才流失问题凸显出来，其中主要原因之一是薪酬待遇的不足。因此，我们亟须在人才管理方面进行全面的改进，特别是在人才待遇和培训方面。

问题 8：在新媒体时代，你是如何看待未来国际传播的发展方向与趋势的，在打破西方话语陷阱、构建中国话语和叙事体系方面您的建议和看法有哪些？

陶秋石：当前，总的格局还是西强我弱，但新媒体时代给我们带来了不小的机遇。个人以为，要抓住三点。一是对象感，明确传播所针对的用户究竟是谁，特别要抓住 Z 世代的年轻人这一群体，他们在数字化环境中成长，具有高度的数字素养，对于创新和多样化的内容表现形式更为敏感。因此，我们应当深入了解他们的兴趣、需求和价值观，以便精准地制定传播策略，打造能够引起他们共鸣的内容。二是深耕海外社交媒体，打破美西方主流媒体的传统渠道优势，在新媒体时代，互联网的普及和社交媒体的盛行为我们提供了直接触达海外受众的机会。通过运用跨平台传播策略，我们可以更好地传播中国文化、价值观和故事，减少信息传递的中介环节，更加直接地与国际受众互动。三是摒弃一般性的概念说教，坚持"讲故事"，讲好"中国故事"首先要有"故事"。在国际传播中，讲好"中国故事"意味着将抽象的概念具象化，通过具体的人物、情节和场景，向国际受众传递真实的情感和价值。这种方法能够拉近与受众的距离，建立起更为深厚的情感纽带，有助于促进文化交流和理解。

附录二　《上海日报》访谈

问题 1：请简单介绍一下您的专业背景和从业履历。您从事国际传播工作多久了？选择加入《上海日报》的原因是什么？

刘琦：从小我对新闻工作者就有种莫名的崇敬，觉得他们是一群特别有社会责任感的人。2000 年我从上海外国语大学新闻传播学院传播系毕业后就加入了《上海日报》社，工作至今已有 23 个年头，可以说是外宣工作的"老兵"，也是国际传播的新手。20 年来，我在报社的多个岗位摸爬滚打，上过夜班，跑过一线，做过版面编辑、频道总监，也跳出舒适圈担任过总编办主任，从助理编辑一步步成长为副总编辑。如果说选择媒体行业，是出于自己的理想，那么加入《上海日报》社，就是对语言的执着。在如今信息高度互联的时代，向外国人讲述中国故事是一项具有挑战和意义的伟大事业。

问题 2：《上海日报》的定位是什么？与其他主流国际传播媒体相比，《上海日报》自身的特色在哪里？

刘琦：《上海日报》的定位旨在为定居、工作、留学以及旅游于上海及长三角地区的外籍人士提供最及时的英文资讯、最权威的政策解读，以及最贴心的生活服务，从而成为他们了解上海、融入上海乃至理解中国的重要窗口。报道内容涵盖上海都市新闻、华东地区新闻、本地财经和商业信息,以及具有本地特色的新闻特写和社会文化等领域。报道重点聚焦上海及周边地区的经济和文化发展状况,外加对在沪外国友人的工作生活状况以及对外政策和改革开放的成就等方面。

相较于其他主流国际传播媒体,《上海日报》具有鲜明的特色,即深耕于上海这一地域,聚焦本地话题,通过深入细致的报道将上海的故事讲述得深入浅出,以便贴切地服务于本地读者。以去年的工作为例,本报将国际传播的着力点置于品牌建设,并通过政企合作提升了服务效能。其中,CNS(城市新闻服务)项目作为报社推进媒体深度融合改革的重要手段,持续提升了本地服务的水平。此外,本报还承担了"上海发布"海外社交平台的代运营,为城市建设立体传播格局提供了支持。

问题 3:二十大报告中指出,要加快构建中国话语和中国叙事体系,讲好中国故事、传播好中国声音,展现可信、可爱、可敬的中国形象。《上海日报》在国际传播的过程中,是如何做好国际传播能力建设的?

刘琦:《上海日报》立足中国的经济中心上海,除了侧重外交实践层面的内容之外,还较多地涉及网络空间治理、绿色发展、中外文化交流等话题,在保持严肃性的同时也拥有着较高的可读性,在打造国际性的同时也不断地兼顾地域性特色。在接下来的工作中,我们将继续在沪外籍人士的本地服务作为推动《上海日报》媒体深度融合改革的重要抓手,以打造好项目、好产品、好服务为目标,协调各方优质新闻采编和品牌运营资源,有针对性地开展人员结构调整,吸引优秀人才加盟,再造内容生产和服务提供的流程,持续输出有价值的、界面友好的新闻资讯服务产品,向世界传播中国声音，讲述上海故事，展现城市形象。

就媒体的传播方式而言，《上海日报》打造了一个以机构账号、垂直内容账号和个人 IP 账号为主的社交媒体传播矩阵，通过国内平台（网站、微信、微博、抖音、头条、视频号、小红书等）以及海外平台（脸书、推特、油管、图片墙、TikTok 等）有针对性地生产和发布内容。以《上海日报》用户画像的数据为例，SHINE 的全年浏览量在前年就突破了两千万大关，美国成为访问量最大的国家，西方发达国家的用户分布呈现都市圈聚集效应，社交媒体、搜索引擎都成为用户触达与转化的有效途径。这说明《上海日报》的受众研究和渠道建设结合发力，取得了良好的成效。

从媒体话语体系的构建来说，《上海日报》着力于打造融通中外的话语体系，在实践中真正做到了充分研究国外不同受众的习惯和特点，把我们想讲的和国外受众想听的结合起来，把"陈情"和"说理"结合起来，把"自己讲"和"别人讲"结合起来，使故事更多为国际社会和海外受众所认同。《上海日报》着力了解外国受众的语言文化习惯，如西方语言从简与中文相对，在报道时提炼核心信息，简化版面内容，适应新媒体环境下竖屏的阅读习惯，避免受众出现理解障碍。此外，《上海日报》还主动关注在海外平台中留言的人群，主动发掘知华、友华、爱华的新"他者"，以此将个人传播者作为国际传播的传声筒。

问题 4：分享一个《上海日报》国际传播的创新案例。

刘琦：2022 年 11 月，在市政府新闻办指导下，《上海日报》打造了面向在沪外国人的城市信息和服务平台 City News Service（简称 CNS），包括一个网站、一个微信公众号，以及在建的一个小程序，目标是提供一个便利地获得信息和服务的统一互联网窗口。总体的考虑是把握上海这座城市的特点,积极开展家门口的外宣,通过提供满足需求的信息、链接解决痛点的服务、组织形式多样的社群,以实现扩大影响、增加黏性、赢得信任、提升形象的国际传播效果。为了更有针对性地提供英语资讯服务,我们提出,在信息供给上,CNS突出信息的有用(useful)、实用(practical)和好用(user-friendly),让外籍人士听得到、听得懂、听得进。在服务方面,力争提供解决痛点的服务,包括投资、就业、生活、办事各种服务,助力他们融入上海,因为说十句不如办一事。

作为体制内国际传播工作中"借嘴说话"的最高境界之一,《上海》以外籍专家名字命名的 Andy 工作室于 2021 年初成立,以上海市白玉兰奖获得者、新西兰籍视频编导安柏然(Andy Boreham)为核心。工作室以驳斥外媒对中国不实报道的《外媒看中国》(Reports on China)为主要作品,该栏目自 2021 年 7 月至今,已更新近百期。播放平台包括国外的油管、推特和脸书,国内的 B 站、头条(西瓜视频)、抖音、快手、微博和微信视频号,9 个平台粉丝超过 210 万,其中海外平台 12 万+。迄今为止该栏目在海内外总播放量达 9 000 万次,覆盖量达 3 亿,共获得超 400 万点赞。特别报道之"二十大科普"系列视频点击热度高、传播范围广,受到中央网信办的表扬。

问题 5:不同国家、海外用户对于我们媒体国际传播的内容喜好与传播偏向有哪些特点?

刘琦:在媒体国际传播领域,内容的传播受到多种要素的综合影响,包括但不限于平台特性、国家差异以及性别倾向等。比如在亚非拉等地区,尤其是印度等南亚国家,短于一分钟的诙谐小视频呈现出强烈吸引力,有时甚至会引发现象级传播现象。

在社交媒体平台推特上,大型企业和知名品牌本身就拥有良好的流量优势。品牌已经成为一种独特的"流量密码",带有品牌相关标签的视频通常能够引发更多的转发和播放。同时,中国明星在国际社交媒体平台上展现出显著的影响力。

此外,时政评论内容在社交媒体上也展现出显著的影响力。以安柏然主持的《外媒看中国》为例,该系列时政评论节目在社交媒体上更受到男性受众的喜爱。这种受众偏好与平台和地域之间的关系并不明显。因此,内容传播的效果受到多重因素的影响,其中包括平台特性、地域文化以及性别偏好等。在不同情境下,这些因素相互交织,共同塑造了独特的信息传播格局。

问题 6：目前《上海日报》在国际传播中面临的困境有哪些？希望得到哪些支持？

刘琦：《上海日报》在人才招聘方面的选择性相对较为狭窄,主要集中在英语系、新闻系以及海归人才。这些要求虽然提升了起点,但也造成了人才流失的风险。对比跨国企业和同行业,我们的薪酬水平显然不具备竞争力,这使得如何有效地留住人才成为一个亟待解决的难题。

此外,《上海日报》已初步构建了全媒体矩阵,这一矩阵以一体两翼的机构＋垂类＋个人账号结构为基础,用以开展对外发声。尽管已经取得了一定成效,但传统采编从业人员在账号运营方面的转型却面临一些难题。他们对于运营的关键技巧掌握进展较为缓慢,难以达到专业运营人员的水平,这导致部分账号运营的效果一般,整体产品的运营缺乏规划。希望能加大这方面的专业培训和资金支持。

问题 7:在新媒体时代,你是如何看待未来国际传播的发展方向与趋势的,在打破西方话语陷阱、构建中国话语和叙事体系方面您的建议和看法有哪些?

刘琦:在我看来,移动化、社交化、可视化的趋势将在国际传播工作中日益凸显。中国在国际传播方面虽然有丰富的内容,但的确在如何讲述和传达方面存在一些挑战。与以美国为代表的西方国家相比,中国在外宣方面可能缺乏一个明确的逻辑主线,导致传播内容零散、不连贯,甚至受制于对方的议题设置。中国的国际传播不缺内容,相对薄弱的环节是怎么讲、如何讲。我们应该构建自己的体系,不被西方牵制,不盲目接招,比如"人类命运共同体"这条主线,所有的对外传播都围绕这个主题展开。这样的主线可以为不同的传播内容提供一个统一的框架,帮助塑造中国在国际舞台上的形象,并减少被动应对的情况。

而在传播方式上,尽量"共情传播",先投其所好,建立信任,再循循善诱,如果一味自说自话、自娱自乐,或教条式传输,那必定是无效的国际传播,甚至产生反作用。与受众建立信任关系,并了解他们的兴趣和关切,有助于更有效地传递信息。通过与受众产生情感共鸣,传播的信息更易于被理解和接受。此外,可视化在传播中也具有重要作用。图像、视频等多媒体形式能够更生动地呈现信息,增强受众的注意力和记忆效果。移动化和社交化趋势也提醒我们,要充分利用社交媒体和移动应用,将信息传播到更广泛的受众中去。

附录三 一财全球访谈

问题 1：可以简单介绍以下您的从业履历和专业背景吗？您加入一财全球多长时间了？

陈娟：我的专业背景是金融，最初于 2003 年进入新闻行业，陆续在新华、道琼斯、第一财经任职，一直从事与财经新闻相关的报道工作。我于 2010 年加入第一财经，并在 2016 年参与了一财全球的设立以及后续的运营工作。

问题 2：一财全球的定位以及特色是什么？它自身的特色和竞争力体现在什么地方？

陈娟：中国作为全球最大的经济体之一，其经济发展日益受到世界的广泛关注。在这一背景下，打破西方媒体舆论的垄断，积极建设强势的中国财经媒体，将中国的经济故事传递给世界，变得尤为重要。为此，第一财经于 2016 年推出了英文新媒体品牌一财全球（Yicai Global），采用"高频次发稿、多平台运维"的新模式，以财经视角切入，积极探索有效的国际传播方式。

与西方媒体的报道范围不同，一财全球将重点放在活力四溢的中国企业以及在中国扎根的外资企业上。通过持续不断地提供数据和事实，一财全球不断报道中国经济发展的最新动态，成为海外受众了解中国企业和外资企业在中国的发展动态的核心新闻来源。许多报道不仅仅是信息的传递，更成为国际投资者做出决策的重要依据。如随着中国科创引领全球趋势，我们单独设立了中国科创、企业创业创新板块，基本实现中国新技术、新商业模式的全覆盖，这些内容备受海外受众关注。

一财全球的做法不仅丰富了国际媒体传播的多样性，同时也促进了国际社会对中国经济的更全面、更客观的了解。通过聚焦企业活力和外资企业在华的发展情况，一财全球有效地呈现了中国经济的活力和潜力，为全球投资者提供了更深入的洞察。这种努力有助于建立更加平衡和多元的国际舆论环境，促进了全球经济合作和交流。一财全球的创新性做法为中国财经媒体走向国际提供了新的思路和范例。通过持续的努力和精心策划，中国财经媒体可以进一步拓展国际影响力，将中国经济的成就和活力传递给世界各地，为全球经济的繁荣稳定作出积极贡献。

问题3：二十大报告中指出，要加快构建中国话语和中国叙事体系，讲好中国故事、传播好中国声音，展现可信、可爱、可敬的中国形象。一财全球在国际传播的过程中，是如何做好国际传播能力建设的？

陈娟：一财全球以"讲好中国财经故事"为指导方针，关注中国区域经济、中国企业、中国创新的发展，持续用真实案例让海外读者了解中国经济发展取得的成就。目前，一财全球成功打造了一个覆盖广泛的传播矩阵，其中包括国际权威财经媒体（如彭博社、道琼斯、日经新闻等）、国际组织和机构（如世界经济论坛、保尔森基金会等）、海外新闻平台（Google News、Apple News）以及海外社交媒体（超过300万粉丝）。这一强大的网络使一财全球成为根植于上海，同时在国际范围内产生重大影响力的中国财经资讯提供商。以2021年为例，我们共发布近4 000篇相关报道,社交媒体共发布过万条资讯。其中,海外媒体(非中文)转载媒体包括《华尔街日报》、彭博社、路透社、美国 CNBC、美国全国广播公司(NBC)、俄罗斯塔斯社、日经新闻在内的多家海外权威媒体。

在国际化战略的引领下,第一财经凭借其专业的财经背景和遍布全球的报道网络,逐步发展成为被彭博、道琼斯等国际知名媒体引用最多的中国财经新闻信源之一。这充分证明了一财全球在财经报道领域的权威性和影响力。海外意见领袖方面,大众集团总裁,普林斯顿大学教授马库斯·布鲁那米尔(Markus Brunnermeier)、哈佛大学教授靳毅洲、新南威尔士大学教授理查德·霍尔顿(Richard Holden)、牛津大学教授、前世界银行副行长伊恩·戈尔丁(Ian Goldin)、麻省理工学院教授布林·约尔松、伦敦金融城布鲁塞尔办事处董事总经理 Nick Collier、纳斯达克副总裁 Bob McCooey、摩根大通资产管理公司公关 Charlotte Powell、世界经济论坛新经济与社会项目总监 Saadia Zahidi、世界经济论坛国际媒体理事会负责人 Peter Vanham、保尔森基金会马可波罗智库主任 Damien Ma、日本经济评论家渡邉哲也、美国数据科学家 Kirk Borne、知名投资人特斯拉大股东、印度媒体 The Print 创始人在内的决策推动者和制定者也会通过社交媒体与一财全球互动。

一财全球通过依托第一财经的专业财经知识背景和广泛的国际报道网络,每天持续向海外用户提供全面、及时的中国财经资讯,成为海外受众了解中国经济的首要入口。

问题 4:一财全球国际传播创新案例经验谈。

陈娟:在不断追求传播效果提升的过程中,一财全球采用了多种策略,从区域定向传播、专业领域传播到线下活动与线上推广相结合,旨在在决策圈层中进一步夯实其影响力。2022年,为了重塑信心,一财全球针对欧洲及中东高端用户,精心推出了年度专题"中国经济新格局"(China Economic Buzz)。这一举措在海外社交媒体平台上取得了巨大成功,浏览量超过1 200万次,互动量更是逾百万次,吸引了多个国际顶级投资机构的关注。不止于此,2023年,一财全球再度引发话题,推出了年度专题"逆势而上"(The Rising Momentum)。持续地在重点国家和关键人群中展开有针对性的传播,该系列的海外传播量已接近500万次,而互动量更是突破了百万次。与2022年相比,这一传播战略明显取得了更显著的效果,证明了其传播能力的稳健增长。

除了充分利用第一财经在国内外的高端采访资源,一财全球还善于抓住大型国际论坛的机会,通过承办这些论坛,将线上线下资源有机结合,进一步提升了其国际影响力。这种双管齐下的策略使得一财全球能够更加广泛地触达受众,从而实现更深入的传播效果。一财全球通过多种传播方式的巧妙结合,不仅在海外传播中保持了内容的高质量,还使得其在决策圈层中的影响力不断扩大。从"中国经济新格局"到"逆势而上",这些年度专题的成功推出以及线上线下资源的合理整合,都为一财全球在国际传播领域中树立了显著的学术形象。

问题5:一财全球的用户偏好有什么特征?

陈娟:专业报道让一财全球受众具有明显的"高端化"及"意见领袖化"特征。第三方数据平台数据显示,一财全球受众中,商界人士占比超过60%,国际媒体从业人员占比超过36%。在过去的7年间,我们一直从企业、行业的角度对中国经济转型进行追踪报道,也观察到海外受众的关注重点也有明显的变化。在海外社交媒体方面,可以看到此前海外受众特别是印度以及东南亚受众会非常关注中国互联网企业的创新产品、创新商业模式,近几年随着中国光伏产业、新能源汽车产业的快速发展,这一类内容受到更多欧美及日本区域受众的关注。来自非洲的受众则对中国经济发展模式更为感兴趣。

另一方面,我们的报道为海外记者提供了最新的新闻线索,也成为他们报道中国的重要信源。根据调查,近 300 名国际媒体从业者正在通过关注一财全球(Yicai Global)的社交媒体账号了解中国经济和城市发展的最新动态,他们会在社交媒体上对这些新闻选题进行探讨以及发表自己的观点,或者在采写新闻时引用一财全球的报道和观点。近几年,海外媒体转引我们的次数快速上升,2023 年上半年,美国媒体引用的次数超过了 4 000 次,我们的报道被《华尔街日报》、彭博社、CNN、CNBC 在内的主流财经媒体多次引用。

问题 6:目前一财全球在国际传播中面临的困境有哪些? 希望获得怎样的支持?

陈娟:目前,一财全球凭借自身财经垂直领域的定位,持续稳定输出专业、客观且有一定量级的报道有效的弥补了海外财经媒体信息供应不足的问题,已形成了一定的专业壁垒、品牌优势,并具有了一定的国际影响力。

但是,在国际舆论场日益恶化,特别是海外社交媒体平台对中国媒体限制持续加大,在这样一个投入资源有限的大背景下,如何提高专业壁垒,进一步有效的提升国际影响力仍需要我们持续不断地探索。

面对这样的局面,一财全球将秉承第一财经"专业创造价值"的理念,坚持专业财经定位,坚持严肃机构媒体道路,专注于公司、行业及商业新闻,进一步提升在决策圈层的品牌影响力。在确保目前文字报道量级的前提下,加大视频内容输出。渠道上仍以海外社交媒体为着力点,加大与海外专业财经媒体合作力度带动品牌推广和内容传播效率。

问题 7:在新媒体时代,你是如何看待未来国际传播的发展方向与趋势的,在打破西方话语陷阱、构建中国话语和叙事体系方面您的建议和看法有哪些?

陈娟:根据对 2022 年全球近 380 万篇涉华报道的分析,我们可以看到以美联社、彭博社和路透社为代表的"五眼联盟"媒体在全球媒体舆论中扮演着主导角色。这些媒体不仅在报道涉华议题时具有较大影响力,还通过其控制的新闻聚合平台(如 MSN、雅虎)来影响其他地区的舆论导向。这暗示了西方国家在媒体领域的自身优势和对全球舆论的一定掌控能力。然而,需要注意的是,尽管西方国家自殖民地时代开始就建设了舆论堡垒,但在短时间内这些堡垒并未形成有效的突破。这可能表明传统的舆论模式在面对不断变化的国际格局和信息传播方式时,可能存在一定的制约因素,无法迅速适应新形势。

在这种情况下,中国媒体可以采取一系列策略来应对挑战和实现突破。首先,增加报道量是一个重要的步骤。通过增加涉华议题的报道数量,可以提高中国媒体在全球范围内的曝光率和影响力。其次,点面结合也是关键。这意味着不仅要对全局进行报道,还要深入研究国家内部的不同领域、人群以及其关注点，以便更准确地把握受众需求，实现信息的有针对性传播。此外，传播策略的调整也至关重要。中国媒体可以借助现代技术手段，如社交媒体、移动应用等，与受众进行更加直接、实时的互动，从而增强传播的互动性和参与感。同时，注重多样性和创新性的内容形式也能够吸引更多的关注，例如图文并茂的报道、数据可视化呈现等。

附录四　澎湃"第六声"访谈

问题1：可以简单介绍一下您的专业背景和从业履历吗？您加入澎湃第六声多久了，选择加入澎湃第六声的原因是什么？

吴挺：我本科学习的是体育新闻，但毕业后第一份工作选择了老家一份主流都市报《重庆晚报》，从事国际新闻编辑的工作。后来加入上海《东方早报》国际新闻部做记者，我开始有机会将足迹真正延伸到全球。后在单位的支持下，考进复旦大学国际关系专业，弥补了我在专业性上的不足，开阔了眼界，完成了一些重要而有一定专业性难度的专题报道。后来有机会前往伦敦政治经济学院（LSE）学习政治传播，掌握了更多的社会学研究背景和方法。留学回到上海进入转型后的澎湃新闻，后接任国际新闻部主编的职位，4年后，我受命转入管理英文新媒体第六声项目，开始和团队一起对外讲述中国社会中"小而美"的故事。

问题2：澎湃第六声国际传播的定位与目标是什么？与其他主流国际传播媒体相比，自身的特色与竞争力在哪里？

吴挺：简单而言，第六声创建以来的目标受众，是希望能够影响一批对中国持较为中立立场的西方知识精英和知识青年。像美国圣母大学和加州大学圣克鲁兹分校的图书馆官网，都将第六声列为了解当代中国社会的推荐消息来源，从一个侧面证明了我们的传播策略和定位是可行的。

第六声自身定位在报道普通中国人的故事这一切入口，重点在于传递"小而美"的新鲜声音，其影响力是润物细无声的，着眼长远的。譬如讲，当一些具有一定知识层次的西方人群因缘巧合对中国产生了一定的兴趣，甚至希望拿出一笔钱到中国旅行，走一走、看一看，但尚未下定决心，需要找一些最新的报道看一看中国社会的近况，如果此时他们搜索到的全是戴着有色眼镜的报道内容，而无法找到其他值得信赖的声音，那结果很可能是"失之交臂"。第六声希望在这种时刻发挥一种客观平衡的"对冲"作用，且这种影响力已经在悄然成形。

记得在美国政策圈内影响力很大的智库布鲁金斯学院 2021 年底发布过一篇"我们的专家从哪里了解中国"的文章，传播度挺广，该智库很清晰地将第六声列为"有关中国社会的专题故事"来源，成为极少数被纳入的中国消息来源。

问题 3：二十大报告中指出，加快构建中国话语和中国叙事体系，讲好中国故事、传播好中国声音，展现可信、可爱、可敬的中国形象。澎湃第六声在国际传播的过程中，是如何做好国际传播能力建设的？

吴挺：第六声选择了一条差异化的内容制作和产出路径，立足自身人员和资源有限的现实，从"小而美的普通中国人故事"这一微观视角入手，力争将中国立场、视角、特色融入到"有人情味的报道"，展现有温度的、立体的和复杂的中国。

在新媒体时代,第六声整个网站和产品设计都是轻量化的,在风格和审美上,力争年轻化、时尚感,增强对年轻人群体的吸引力。叙事口吻上采取"平等互动式",而非高高在上;同时,也尽量增强报道内容的话题性(避开价值判断、非黑即白),展示共情力,增加互动性,这更符合新媒体时代的特点和趋势。

但年轻化不等于娱乐化,不是迎合外国读者。不论是哪种报道形式,包括社交、数据新闻,第六声都强调报道的专业性和尊重基本的国际传播规律,不允许发生被外国读者抓住事实上"硬伤"的情况,以此不断叠加和积累自身中国国有英文媒体的声誉,更加有利于塑造和影响外部世界对中国社会的理性认识。

西方主流媒体往往根深蒂固地执着于一些传统议题报道,要让他们引用和转载我们的报道,往往不那么容易。但海外社交媒体平台提供另一种途径,在西方主流媒体工作的知名记者、编辑,以及各行业的领军专业人士,喜欢转推中国"小而美"的复杂叙事的故事。梳理这批西方精英读者喜欢转发的故事,可以概括出这类故事的这样几个特征:有小人物的故事,有展现中国复杂性和丰富性的社会议题和背景解释,有现场感,有一定的专业门槛,以及娓娓道来的叙事风格(narrative),口气不是高高在上的。

问题 4:澎湃第六声国际传播创新案例经验分享。

吴挺:以特写稿件《寂寞宅男和他们的人工智能女友》(2020 年发表)为例,文章敏锐地捕捉到中国快速城镇化过程中猝不及防的失落宅男群体,但第六声记者没有停留在猎奇层面,而是带着问题意识一层一层剥开微软开发的这款人工智能"女友"小冰,在闯入中国宅男们的感情生活之后,纷至沓来的诸多伦理矛盾和困境,没有价值判断,但比人物故事的戏剧性冲突更重要的是,记者不断挖掘和拷问事实真相的多个面向,力图和不同社会、职业、文化背景的读者群体建立起多维度和复杂性的链接。

文章刊发后迅速获得《纽约时报》《华尔街日报》、美联社等多位驻华记者,以及美国哥伦比亚大学副教授 Leta Hong Fincher、美国知名人工智能专家 Frank Pasquale 教授等的转发和推荐;同时,BBC 商业节目"Business Matters"很快邀请第六声记者作为嘉宾参与了他们的话题讨论环节,也有投资人进一步接触记者对该公司进行"尽职调查"(该企业后来成功获得融资,近日又完成总额 10 亿元的新融资)。

问题 5:新技术应用在澎湃第六声国际传播中发挥的作用与局限。

吴挺:如同第六声的口号"来自中国的新鲜声音"(fresh voice from today's China),在国际传播实践中,第六声团队对新技术永远持拥抱态度,但新技术的应用仍严格服务于自身特色英文新媒体内容的定位和风格,因为在国际传播中,没有建立起自身优势和特色,效果便大打折扣。

所以,当前几年播客开始火遍全球的时候,有一个纽约的有声内容平台长期关注中国的内容,大家交流下来,觉得可以把一些优质英文媒体有关中国的优质故事汇聚到一起,转化为有声朗读版的时候,第六声积极参与其中。除了第六声,财新国际以及两家香港媒体——一家是科技媒体,一家是财经媒体——一起加入,整体的内容搭配比较多元和丰富。

每周,每家媒体会挑选一条报道转化为有声阅读版,成本低,录制起来也简单方便,集结成"China Story"专栏形式,除了在各自的平台上播放外,这个播客系列还不知不觉获得了多个美国知名平台的转载:除苹果的iTunes 频道,还有 2021 年美国第一受欢迎播客平台 Spotify,谷歌播客平台,亚马逊音乐收购的另一大主要播客平台 Art19,顶级的独立播客播放器和播客库 player.fm,及被称为最佳播客搜索引擎和数据库的"listen notes"在线平台等等。不过,这和原创播客节目还不是一回事。

问题 6：不同国家、海外用户对于我们媒体国际传播的内容喜好与传播偏向有哪些?

吴挺:在监控和整理过去 2 年多的相关外媒引用数据时发现,除了英文世界的主流媒体,其他语种的知名媒体也在扩大他们的中国报道议题范围和消息来源,不难发现,他们对中国信息的需求更为多元和丰富,对第六声内容的引用数量在不断攀升。

但不同语种主流媒体在关注点上也存在差异。譬如德国颇具影响力的德国《南德意志报》、德新社、德国电视二台(欧洲最大的电视台之一)、《每日镜报》等,对第六声的引述内容和选题包括人口出生率问题、互联网大厂及其员工生存状况等。与德国媒体重视关注重大的中国社会和行业议题不同,邻国的法语媒体,像《世界报》《国际邮报》等更喜欢引用第六声更为生活化和个性化的选题,像中国的新兴消费产业、元宇宙、中国电竞行业、冬奥会上的产业,及文化和历史色彩浓厚的题材。

东南亚新兴国家对中国资讯的关注度呈上升趋势。以越南语媒体为例,其各类媒体对于第六声议题的转载和引用呈现爆发式增长,而且囊括了越南的党、政机关及市场化媒体网站(《人民报》网站、《信息报》、《青年报》）、最大门户网站，以及更垂直类的媒体，如越南最受欢迎的杂志《青年幽默》，影视娱乐行业领先的网站等。同为社会主义国家，又是近邻，越南媒体对于中国青年人群体，甚至是老年人群体，尤其是他们的工作、生活及消费方式，网红（偶像）经济，中国生育政策调整及老龄化等选题转载率很高。

问题 7：目前澎湃第六声在国际传播中面临的困境有哪些？希望得到哪些支持？

吴挺：优秀国际化专业人才招聘面临瓶颈，来华意愿降低。收入待遇水平与实际工作中的高要求不匹配，难以吸引到高质量人才长线耕耘。

此外，做国际传播，对外交往要求和限制日益增多，审批手续繁杂，容易导致避免交往。信息闭塞很难做好对外传播，更不利于提早设置议题。此外，对海外社交平台和新技术的利用，也不宜"闭门造车"。

由此给出的建议是，能简化优秀传播人才的引进流程，创造对优秀媒体人才的便利友好政策和环境，提高他们的待遇和收入水平。这种姿态本身将极大提升上海城市的国际影响力和竞争力。

另外，希望在政策上能支持和鼓励外宣媒体大胆进行对外交往和开拓影响力圈层的人脉关系，以借力外部同行及专业人士，提升我们自身的国际传播能力。

问题 8：在新媒体时代，你是如何看待未来国际传播的发展方向与趋势的，在打破西方话语陷阱、构建中国话语和叙事体系方面您的建议和看法有哪些？

吴挺：整体的一个建议是，应该激发外宣媒体及对外传播机构各自发挥所长,针对各自圈层的不同核心受众以及关键性机构,加大对他们的了解和接触,进行各自优势内容——更为垂类的内容——的更有效、精准的传播,各美其美,将自己最擅长领域的"中国故事"讲好。

这两年不少机构举办过以国际传播为主题的多场论坛、研讨会和公开活动,我会分享一个观点,在实操层面,国际传播和国际影响力对不同的机构、个人、地方以及不同的国家,不应该是一回事、一个目标、一套评价体系。相反,我们对于国际影响力的边界和自身的特色优势,应该建立清晰的认知,对国际形势和不同国家社会的变化保持高度的"敏感性",把国际影响力"实心化",找到适合自己机构的影响力实现路径。

附录五 哔哩哔哩访谈

问题 1:哔哩哔哩国际传播的战略规划是什么? 与其他主流国际传播媒体以及互联网商业媒体相比,哔哩哔哩国际传播的特色和优势在哪里?

卢雅君:以哔哩哔哩国际版 App 为核心,致力于打造一个全面丰富的内容平台。在第一阶段,该战略聚焦于满足东南亚年轻用户对动画、纪录片、游戏等传统优势内容的需求。

哔哩哔哩优势和特色体现在多个方面。首先,在内容层面,哔哩哔哩提供丰富多样的内容,既包括专业的 IP 内容,又涵盖了用户创作的 UGC 二创内容,从而广泛满足用户的多元需求。其次,在功能方面,哔哩哔哩的独特之处在于强调二次元文化,这种独特文化在国际版中得到延续,弹幕功能作为重要特色得以保留，与其他平台形成鲜明对比。这种差异性使得哔哩哔哩在国际市场中具备独特竞争优势。最后，用户体验方面，哔哩哔哩国际版相对于国内版本，广告量明显减少，原生广告的呈现也得到优化，从而为用户提供更加流畅、无干扰的观看体验。

哔哩哔哩借助其独特的内容结构、功能特色以及优质的用户体验，致力于打造一个独具魅力的内容平台。通过不断丰富内容、拓展功能、提升用户体验，哔哩哔哩国际版有望在全球范围内吸引更多用户。

问题 2：二十大报告中指出，加快构建中国话语和中国叙事体系，讲好中国故事、传播好中国声音，展现可信、可爱、可敬的中国形象。目前哔哩哔哩海外推广与运营的现状是什么？

卢雅君：目前哔哩哔哩国际版 App 在印度尼西亚、泰国、菲律宾、越南、马来西亚和新加坡等六个国家展开了推广与运营，取得了令人瞩目的成绩。截至 2023 年 1 月，平台的累计注册用户数量已经达到 4 728.9 万人，同比增长达到了 171%。与此同时，每日视频播放量达到了 3 563.03 万次，国际话语权和传播力均实现较大增长。

问题 3：哔哩哔哩国际传播创新案例经验谈。

卢雅君：首先，以优质的动画和纪录片树立优质的国家形象。截至 2022 年底，哔哩哔哩累计海外发行各类影视、纪录片、动画作品共计 90 余部。其中，国产动画 44 部，纪录片 15 部，成为哔哩哔哩文化出海、讲好中国故事的两把金钥匙。如喜剧动画《仙王的日常生活》，海外播放量已突破 4 000 万。奇幻动画《时光代理人》，位列国际权威动漫评分网站 MyAnimeList 历史总榜第 20 名,是国产动画的最佳纪录。美食纪录片《人生一串》,荣获"中日韩电视制作人论坛中国代表作品奖"等十余个国内外大奖。

其次,出海新模式:联合制作,市场共享。过去几年,B 站共计参与了 42 个日本动画制作委员会,其中 2019 年参与制作了 45 部日本动画,占日本年产量的 30%。包括《异世界食堂》《多罗罗》《炎炎消防队》在内的一系列优质作品深受中日两国年轻人的喜爱。此外,与国际大厂合拍优质纪录片,多途径实现文化输出与此同时,B 站与国家地理频道、探索频道、NHK、ARTE 等国际顶级厂牌建立了长期的稳定合作,联合推出了《决胜荒野》《王朝Ⅱ》《未至之境》等多款口碑之作,并筹备制作更多讲述中国文化和中国视角的纪录片,深度挖掘中国故事背后的文化背景和文化价值。在打造行业优质 IP 的同时,也将更多的中国原创精品带去海外。

最后,代表中国亮相国际舞台,向世界展示中国潮文化魅力。近年来,中国 IP 授权产业爆发式增长,国产优质 IP 也日益为全球瞩目。基于此因,将于 2023 年 6 月 13—15 日举办的全球授权展(Licensing Expo)首次邀请 B 站共襄盛会。本次展会是全球品牌授权业最专业、影响力最大同时是目前世界上历史最悠久、规模最大的品牌授权展,位于 C108 展位的 B 站将带来小电视、2233 等品牌形象 IP,以及超百部精品动画、纪录片、虚拟偶像等优质文化 IP,向全球观众集中展示当代中国年轻人的风采以及由他们创造的中国潮文化的魅力。

问题 4:哔哩哔哩平台的算法原理是什么？ 对于内容生产与传播的

作用与局限有哪些？

卢雅君:哔哩哔哩采用的是"协同过滤"(Collaborative Filtering)算法。这个算法基于两个假设:一是相似的用户喜欢相似的内容;二是相似的内容吸引相似的用户。详细推荐规则如下:

1. B站推荐系统主要是根据产品场景和用户、上下文等信息,基于算法进行内容智能推荐,给用户提供更好的内容获取服务;

2. 我们通过算法对用户在使用 B站时的点击、播放、点赞、投币、收藏、关注、搜索、分享、点踩、不感兴趣等行为进行自动分析和挖掘,提取出用户特征,同时召回用户可能感兴趣的内容加入到候选池中;

3. 当用户访问推荐场景时,推荐系统会利用用户特征,与候选池内容进行喜好程度的预测,并依据预测结果对内容进行选取和排序。在排序因子方面,B站推荐系统会综合考虑播放、点赞、投币、收藏、关注、分享、点踩、不感兴趣等不同维度的正负向倾向,最终进行融合排序,这样可以有效地提升推荐精准性和推荐内容质量;

4. 排序后会经过去重、打散等处理,形成最终的内容推荐列表向用户展示;整个推荐系统会根据用户在使用 B站过程中的各种行为对推荐模型进行实时反馈,继而不断优化推荐结果,提供更好的服务。对于内容生产和传播的作用是能够针对用户个性化推荐,局限是由于我们的产品形态是单列的视频列表,导致分发给用户的内容流数量不足,观看效率不够高。

问题 5:不同国家、海外用户对于哔哩哔哩平台内容的喜好与偏向是什么?

卢雅君:不同国家和海外用户对哔哩哔哩平台内容的喜好和偏好在

某些方面存在相似之处，但也存在一些细微差异。以动画内容为例，虽然存在明显的头部效应，即某些热门作品受到广泛欢迎，但在特定国家或地区，一些细节偏好可能会出现差异。如泰国用户对国产动画作品《时光代理人》的热爱程度高于其他国家。这可能与该作品在情节、风格或文化元素方面与泰国观众更为契合有关。另一方面，印度尼西亚用户更倾向于喜欢《航海王》和《火影忍者》等长篇动画，这可能反映出这些作品在印度尼西亚的知名度和吸引力。

问题 6：目前哔哩哔哩在国际传播中面临的困境有哪些？希望得到哪些支持？

卢雅君：目前哔哩哔哩对当地的法律法规、政策、政府关系等都不够专业，希望得到相关支持。

问题 7：在新媒体时代，你是如何看待未来国际传播的发展方向与趋势的，您对于打破西方话语陷阱、构建中国话语和叙事体系方面的建议和看法有哪些？

卢雅君：首先，建设自身的国际平台是至关重要的一环，就如同TikTok 在这方面取得了显著的成功。为了更好地拓展影响力，我们需要持续加倍努力。拥有自己的国际平台是推广中国文化和内容的有效途径。但是在这过程中要确保平台界面、功能和交互设计符合海外用户的习惯，提高用户的黏性和参与度。针对内容方向，综合考虑中式美食（如李子柒）和国风音乐（如古筝演奏以及《一剪梅》等经典作品）这两大较为受欢迎的门类。此外，还可以考虑加入其他具有中国特色的内容，比如传统手工艺、文化节庆、历史传承等，以多样化的内容吸引更广泛的受众，从而提升国际传播的影响力。同时还需注意到全球范围内的年轻受众对动画、游戏等 ACG 类内容的喜好。这些元素的融合可以为内容创作提供更丰富的切入点。

其次，在传播方式上，应考虑采用海外用户较为熟悉且容易接受的方式，从而更好地传递中国故事，实现本地化。这种本地化着重体现在两个层面：首先，故事的呈现方式以及内容的表达方式需要符合当地文化的特点，以便更好地引发共鸣。其次，创作者的身份同样至关重要，最佳情况是由本地人来讲述这些故事。

最后，要强调时序的重要性。在拓展影响力的过程中，可以优先考虑东盟、沿着"一带一路"国家以及金砖国家等地区。通过在这些地区的重点推广，可以更有效地传达我们的信息和理念，逐步建立起国际影响力和认知度。

图书在版编目(CIP)数据

基于上海实践的新型主流媒体国际传播机制优化研究/
卢垚著.—上海：上海人民出版社，2023
(上海社会科学院重要学术成果丛书.专著)
ISBN 978-7-208-18499-2

Ⅰ.①基… Ⅱ.①卢… Ⅲ.①传播媒介-研究-上海
Ⅳ.①G219.275.1

中国国家版本馆 CIP 数据核字(2023)第 154990 号

责任编辑 王　冲
封面设计 路　静

上海社会科学院重要学术成果丛书·专著
基于上海实践的新型主流媒体国际传播机制优化研究
卢　垚著

出　　版　上海人民出版社
　　　　　　(201101　上海市闵行区号景路 159 弄 C 座)
发　　行　上海人民出版社发行中心
印　　刷　苏州市古得堡数码印刷有限公司
开　　本　720×1000　1/16
印　　张　15
插　　页　2
字　　数　165,000
版　　次　2023 年 8 月第 1 版
印　　次　2023 年 8 月第 1 次印刷
ISBN 978-7-208-18499-2/G·2165
定　　价　65.00 元